和尚からみた日本経済のお話

金剛寶山 輪王寺住職
日置 道隆

株式会社 木木舎

目次

はじめに

今多くの皆さんが、「政治のなにかが変だ」と感じているのではないでしょうか。国会で予算について話し合うのは当然なんだけど、「その財源はどこから持ってくるのか」など、政策内容の前にお金の話になり論点がまるで国民の方を向いていない。（正しいお金の流れを知ってしまうとまるで茶番ですよ）過去30年間日本はほとんど経済成長できずにいます。そして様々な分野で他国からどんどん追い抜かれています。不景気にもかかわらず消費税を増税し、社会保険料もどんどん値上がりさせ、多くの国民が貧困化し、国民が日々の暮らしに使えるお金もどんどん減っています。

私も「なにかが変だ」と疑問をもち、私自身２０１４年消費税増税の頃からマクロ経済の勉強をし始めました。私は仙台輪王寺で四十四代目の住職を務めています。平成21年に父である先住職が遷化され、それなりの歴史を背負いながら日々勤めています。

忙しい中、時間を作り、改めて経済を学び直してみると、これがまた奥が深くおもしろい。でも最初は多少四苦八苦でした。専門書や文献を読み込みました。多くの経済勉強会にも参加しました。勉強を重ね、経済の歴史的背景に触れたり、「お金ってなに？」についての考察をしていくうちに、経済って人と人とのつながりを大切にすることであり、主役は国民なのだ、ということに気づかされました。つながり、つまり仏の教えの根本にある縁起の教えがお金そのものなのだ、ということを実感し興奮したものです。

２０１９年に「現代貨幣理論」通称ＭＭＴが発売され、早速紐解きました。この頃を境にＭＭＴ関連本がドーッと発売され、夜な夜な読んでいました。「これで日本経済は復活だ!!!」と単純な私は興奮したのです。なぜならＭＭＴは、現実に行われている政府や銀行の業務そして世の中のお金の流れを説明した本であり、これを否定することは、政府や銀行が実際に行っている業務を否定することだからです。多くの政治家は当然ＭＭＴを読むだろう、と思うのが私の常識でしたが、そうはなりませんでした。逆にＭＭＴに対する攻撃がはじまったのです。しかもなんの根拠もなく…。なるほど現代の貨幣に熟知している諸先輩方の指摘する問題点は茲にあるのだなと、納得をしたものです。

和尚が経済やお金について語るなんて奇異に感じる方も多いでしょう。でも、もともと「お金」はひとつの共同体、もしくは国家の中で暮らす私たちの心を結びつけ、安全安心に暮らすために発明されたのです。経済は「経世済民」（世を治め民を救う）から来ています。仏教の究極の目標は「衆生済度」であり、和尚はそこに基底を置くべきなのです。

なぜ森の生態系の中で生命が廻るのか？　生命がつながっているからです。じゃ、なぜ社会でお金が廻るのか？　人と人とがつながっているからです。これは縁起であり、お金は縁結びの道具なのです。

10年前は経済についてまったくの素人であった和尚（私です）でもかなり理解することができたのです。是非多くの皆様にこの本を手にとっていただき、私たちは何を間違ってしまったのか、これからどのようにして生きていくべきなのかを一緒に考えていただきたいと思います。私たちの国、日本はまだまだ他の国にない可能性を秘めています。この本を読むことによって、それに気づくでしょう。そして多くの子供たちに夢と勇気と希望と与えていただきたいのです。

第1章

お釈迦さんは森で悟った

第1章　お釈迦さんは森で悟った

お釈迦さんがみつけたこと

私は仙台の輪王寺という歴史ある大きなお寺で四十四代目の住職を務めています。昨今の日本の経済政策に疑問を感じ、また興味本位もありはじめた経済のお勉強が日本のお役に立てると思い、筆を執らせていただきます。でも「和尚がなんで経済の話しなの?」と思う方もあるかもしれません。まず少しだけ、お釈迦さんについてお話ししましょう。

お釈迦さんは、2500年前にお悟りを開いた時、森の中で1週間瞑想に耽ったと言われています。森の中で生命の営みを深く感じ、常に生滅を繰り返しながらも森が活き活きと生き続ける様をみて、なぜ人間社会は強欲や争いに囚われるのか、また悩み苦しむ人々がどのようにすれば救われるのかを考えたのです。森全体をひとつの生命と見るならば、その中には無駄な生命体はひとつもない。植物・動物・微生物とあらゆる多種多様の生命が、いがみ合い競い合いながらも、共に生きている。弱いものも排除せずに、自然の掟の中に取り込みながら共助・共生・共栄しています。たえず生死を繰り返し、新陳代謝をしながら全体として絶妙なバランスを保ちながら永年存続しています。

仏教の根底にある考え方は縁起です。皆さんはよく「今日は縁起が良い」とか、なんとなく口にしますが、縁起とは、「物事は縁（つながり）があるから起こる」ということです。

仙台出身の著名な生物学者である本川達雄氏が、「生き物が生きるということは、生命をつなげることだ。それしか考えられない。」とおっしゃっていました。なるほど、考えてみれば、地球上に生命が誕生したのが38億年前です。そこから幾度となく地殻大変動や気候変動、多くの生命存続の危機を繰り返しながら、ある生き物たちは絶滅し、ある生物たちは環境に適応しながら進化して生き延びてきました。そんなことを無限に繰り返してきて、その結果今があって私がここにいる。そのように考えると、今我々がここにいること自体が奇跡なのです。今生きている生命すべてが、過去の生き物の営みすべてがつながり、成り立っていることがわかります。

それでは、人として生きるということはどういうことなのでしょう。摩訶不思議なのですが、人は話をしたり、書いたり、モノをつくったり、他の生き物にはできないことができます。もともと自然界の中で体力のない人間は、共同体をつくることで生き延びる術を学んできました。共同体の中では、人々がともに何かをするということを通じて、そこに共感が生まれます。
はじめの頃は以心伝心が大いに働いたと思われますが、そのうち言葉を発明し、過去のことを伝承できるようになったのです。そのループをひたすら続けてきて今の私たちが存在すると考えるならば、私たちが人として生きるということは、生命と豊かな心をつなげることといえるのではないでしょうか。今いる私たちは、祖父母、父母のご意思や生き様、そして彼らが成し遂げてきたモノを受け継ぎ、例えば道路・橋・水道・通信など生活に必要なインフラ等、それらを土台にしながら今を生きているのです。過去を大切にすること、ご先祖様を大切にすることは、それを受け継いでいる自分自身を大切にすることにつながります。それを土台にしながら私たちは考えて行動し、その結果が未来になるのです。だからこそ、ご先祖様に感謝し、私たちの考え方や行動に責任を持たなければなりません。空間においても、私たちは衣食住すべてを本来自然に生かされ、まわりの人々に生かされながら生きているのです。

そのように考えると、お互いに生きるということは、お互いが信頼し合い、感謝し合わなければならないということになります。すべてが時間と空間でつながっていて、そのつながりの相互作用から現象が起こります。これが仏の教えの根本にある縁起の思想です。

つながりの中でいかにして生きるべきかを問うのが仏の智慧であり、人間社会が健全に成り立つためには、お互いの信用が土台になければなりません。

私たちは日本人であり、日本の伝統や文化を引き継いでいます。私は仙台輪王寺の四十四代目住職を務めています。お寺を引き継ぐということは、歴代住職が遺してきたお寺と思想を引き継ぐことなのです。私たちは先人たちが苦労して遺してくれたモノや智恵を土台にしながら今を生きています。そしてそれらを如何にしてより良い方向にして次世代に引き継いで行くのかを考え実践することが、今を生きる私たちの存在価値であり、仏の教えの根本にあります。だからこそ私たちは先人たちが苦労して成し遂げてきた世の中や、私という存在をつくってくれたご先祖様に感謝しなければなりません。そしてそれらすべてを土台にして活かしながら今を生き、より良いものを未来に引き継いで行かなければなりません。これが過去・現在・未来で考える「縁起に生きる」ということであり、歴代の仏様やご先祖様を大切にして感謝しなければならないと考える仏の教えの根本です。

すべての存在（生命も心も物質も）がつながり、因果応報によって成り立っているという考え方、これが仏教の世界観であり自然の掟です。縁起（つながり・絆）がベースとなり、本来つながっているはずの世の中でどのように生きるべきかを説くのが仏の教えの基本です。仏の教えの中では、先ず我を捨て去りなさい、と教えます。なぜなら強い我は、つながりを切る働きをするからです。そして、人間だけが独特に持っている欲望、例えば、お金がもっと欲しい、有名になりたい、なにがなんでも勝ちたい等、を嫌います。人々は、これらの欲望にとらわれ、争い、嘘をつき、最終的には大きな争いへと導かれるのです。自然界では、生き延びようとする本能はあるけれども、人だけが持つ独特な欲望はありません。釈迦は森の中で自然の有様、つまり生命のつながりを観てお悟りを得ました。そして、人間も理性を持って自然に寄り添って慎ましく生きること、例えば、お互いに優しさをもって感謝し合いながら、小欲知足（欲を少なく足るを知る）の精神で生きることが大切だと説かれています。

自然の森と同じようにお互いが支え合うことによって、小さくは村落などの共同体、大きくは国家が安穏安寧に維持されるのです。縁起、つまり絆を大切にすることが共同体を永く存続させるための智恵であり、仏の智慧なのです。

なぜなら、私たちが共に支え合うことができなくなった時、その共同体は崩壊に向かうからです。お釈迦様は森の中で生命の営みをみてお悟りを開かれました。そして気づかれたのです。私たち人間が世の中で如何に生きるべきかを。

本物の森と人間社会

私は、自然の森の中の有様は仏の教えの根幹にある「縁起」そのものであると思っています。森はその存在する地域の気候や雨量、土壌条件によって形状が変わります。つまり、地域によって木々の種類が違うという事です。生態学とは、生き物と環境、また生き物同士がどのように関係を持って生きているのかを理解する学問です。世界中で４０００万本のふるさとの木々を植え続けた著名な植物生態学者である宮脇昭先生（１９２８〜２０２１）が提唱する「ふるさとの木によるふるさとの森づくり」は、生態学的知見による森づくりです。その地域に適した樹種を多品種植えることにより、自然の森に近い多様性のある豊かなふるさとの森をつくるのです。生命にとって、太陽の光と水が生命維持の根本にあります。自然の森においては、植物は太陽の光と水を取り入れて、光合成によって無機物を有機物に変え生長します。植物は生命の中で唯一の生産者です。その植物を食べるのが動物です。つまり動物は、元を辿ればすべて植物を食していることになるので、動物は消費者です。また、菌類や微生物は、植物や動物の排泄物（落ち葉・糞尿・枯木・死骸etc）を分解して無に帰し、生産者である植物の生長をさらに助ける栄養

図①
森林の生態系
自然の摂理に従って
生命が循環する
源
光合成
互いの役割を果たしながら
全体として絶妙なバランスが
とれている
災害にも強い
生産者
有機物の生産
ふるさとの木々
森の中の生命がもつ
「生存欲求」が需要
循環を促す
高木
外来種が
侵入できない
亜高木
落葉
低木
落葉
消費者
光合成で得た
有機物を食べ排泄
分解者
微生物
水・栄養
植物の排泄
動物の排泄
土壌生物
菌類
死骸や動物の排泄物、落ち葉を分解して無機物をつくる
（森林安定の為、森の資本を形成）

ある土壌となり、森全体を安定的に支えます。菌類や微生物のことを分解者と言います。森の中の生命体は、地上地下において絶妙なバランスを保ちながら絶えず生滅を繰り返し、全体として永年存続しています。森林の生態系とは、「光と水を取り入れて適正に各々の生命体の機能を元気に働かせ、持ちつ持たれつという関係を保ちながら生長し、老廃物を出すことによって、さらに全体としてバランスよく生長し維持される」というシステムです。そしてそれぞれの生命体が生死を繰り返してこそ、生命が健全に循環し、森全体が活き活きします。(図①参照)

目に見えないので気づきにくく、見落と

しがちなのが菌類や微生物の大切さです。私たちの日常をみても、「入れて出す」のシステムが物事を健全に循環させます。植物は古い葉っぱを落葉することで本体を健全に維持します。動物は食べて栄養を身体の隅々まで行き渡らせて、排泄することによって身体を健康に維持します。運動すれば身体が熱くなるので汗を排泄することによって身体を整えます。「入れて出す」は自然の流れであり、あらゆる生命の生き残り戦略です。そして、これは国家におけるお金の循環と非常に似ているのです。

自然の森をひとつの国家（共同体）に例えてみましょう。日本のような議会制民主制度の国家では、基本的に政策決定において国民の意思が尊重されるはずです。

ここで議会制民主制度の理想モデルを考えてみたいと思います。お金は国民の意思で選ばれた議員によって国家予算が審議され、執行されることによって最初に支出されます。税金は使われていません、これが通貨発行をする根本的な意義なのです。ここが今までの私たちの常識と違うところですが、現実に行われているお金の循環がそのようになっています。つまり、私たちの需要によって「無」から生み出されるお金は、国民の意思とも言えるわけです。政府は社会のルールを決め、通貨発行権と徴税権をもつボス的存在です。地方自治体も統治する側になります。でも地方自治体は通貨の利用者です。なぜなら地方自治体には通貨発行権がないからです。モノやサービスを生産する民間企業や家計は、国家のルールに従って成り立ちます。考えてみてください。もし私たちの社会でルールがなかったらどうなるでしょう。みんな好き勝手に動いてしまい、収拾がつかない。交通ルールに従うから安全に車を運転できるのです。

企業も家計も人々の意思によって存在します。経済活動では、参加者全部が人で成り立ち生産者であり消費者となります。すべての経済主体はお金を使いますが、政府だけがお金をつくることができ、その他はお金の利用者であるわけです。そして唯一政府には徴税権（税金を集める権利）があります。私たちはこれに逆らうことはできません。なぜならお縄ちょうだいになるのですから。徴税は、世の中に出回っているお金の回収であり、お金を消滅させることです。自然界に例えれば、生き物たちの死骸や糞尿は、分解することによってその形は消えますが、森が留めなく生長するための栄養ある土壌になります。同じように、お金は徴税によって消えますが、社会がより豊かになるための社会資本が残されます。徴税権によって社会全体をより良くするために、お金が滞りなく流れるようコントロールするのが政府の役目です。通貨発行（信用創造）が先に行われ、徴税は後に行われます。この順番が大切なのです。実際のお金の流れは、財源を政府が支出するお金の出所（源）とするならば、国債を発行して政府支出することこそが財源であることを現実として示しています。税金は排泄であり、お金を消す行為なので、財源にはなり得ません。私たちは大きなカンチガイをしていたようです。

森の中では、天からの贈り物である太陽の光が水を循環させ、栄養が森全体に行き渡り植物が活性化され、生命が循環しています。動物はその消費者として植物を食べ、食物連鎖によって生かされます。さまざまな老廃物は分解され還元して土に帰ります。この生命循環こそ森が永年存続できる条件なのです。そして、生命同士の結びつきが強く、絶えず生命循環している森はひとつの共同体です。そのような森に外来種は侵入しにくいのです。これは国家としての共同体にも言えることです。お金が好循環し経済が強く、国民同士の結束の強い国には、他国は侵入しづらいはずです。

お金はその共同体（国家）の中で循環しています。ここでは外国との取引ははぶきます。日本であれば円です。国家の需要つまり、安全保障や公共事業、教育や科学技術、医療や介護等などの、国民にとって大切なことが審議され、政府が国債を発行して信用創造によってお金を「無」から創り出し政府支出しています。このお金はすべて民間に渡ります。政府が国家の需要を満たす程度の適正な政府支出を行うことが大切です。日本のように国民が真面目に働き約束を守るような国家であれば、普通に考えればお金は隅々まで行き渡り、きちんと仕事をすれば普通に暮らしていけるはずです。

森の中での需要は、そこにいる生物すべての生存欲求です。生存欲求が生命を循環させています。共同体（国家）の中での貨幣の流れは、森の中での生命循環と似ているのです。国民の意思を反映する国家に欠かせない需要によって、政府がお金を「無」から創り出し、民間が需要を満たし、さらに経済成長させながらお金をグルグル循環させます。政府は国家全体を見渡し、景気の調整や格差の是正など、お金の巡りをよくするために徴税します。森の微生物が生き物の死骸や糞尿を老廃物として分解して、森がさらに強固になるように豊かな土壌を形成するように、政府は徴税によってお金を消しますが、社会資本を残すことによって、更なる経済発展、豊かな国家づくりに寄与します。

ところが、ボスである日本政府がお金の流れを真逆に捉え誤認してしまった。しかも、「税金が財源である」との間違いが既成事実化され、その先入観がまるで真実であるかのように語られ、広がってしまいました。これは集団妄想による誤認なのです。今一度心をまっさらにして、実際に行われているお金の流れを時系列に観るべきでしょう。

新規国債発行は、予算を執行し、政府支出するための通貨発行になります。先ず適正にお金を世の中に流通させます。そして徴税によって巡り巡ったお金を回収し、世の中から適正にお金を戻させることによってお金を消します。政府は適正にお金を消すことによって、世の中の経済全体をバランス良く発展させ維持させることができるのです。税金は国家を健康に維持するための排泄であり、国家を運営するための源ではありません。ましてや国民を苦しめ、国家を衰退させるものではないのです。

現代貨幣理論ＭＭＴの登場

ここまで私は、お金は「無」から生まれ、お金は税金によって回収されて消滅する。と言ってきました。なんか不思議だなと思う方々が多いと思います。でもこれ本当なのです。私たちはついついお金をそのモノ自体に価値があると信じてきました。5年前くらいまでは私もそう思っていました。実際に、誰かが銀行からお金を借りたとき、銀行員はその金額をタイプするだけでお金が「無」からつくられます。また、政府が支出するときに国債を発行しますが、それも日本銀行の職員がキーボードを押すだけでお金が「無」からつくられます。

図②

【1995年から2015年までの20年間の名目GDP成長率】

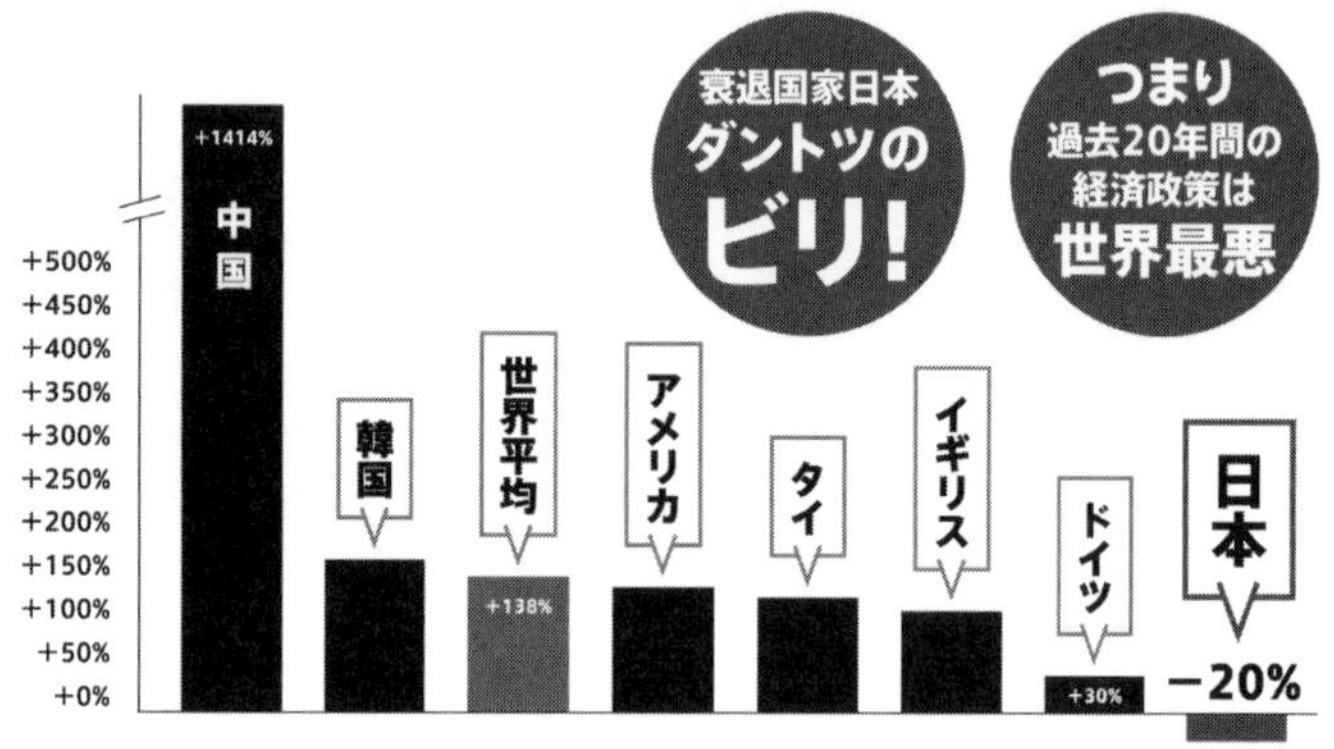
衰退国家日本
ダントツの
ビリ!
つまり
過去20年間の
経済政策は
世界最悪
+1414%
中国
+500%
+450%
+400%
+350%
+300%
+250%
+200%
+150%
+100%
+50%
+0%
韓国
世界平均
+138%
アメリカ
タイ
イギリス
ドイツ
+30%
日本
−20%

不思議ですがこれが事実です。お金って貸し借りが成立したときに生まれる情報なのです。

10数年前から、日本では三橋貴明氏や藤井聡氏　中野剛志氏らが、日本政府の経済政策間違いを指摘し、徐々にではありますが、「正しいお金と経済のしくみ」について考える日本人が増えてきました。なにせ、日本の経済政策は世界ワースト一位なのですから。それを後押しするように、MMT―現代貨幣理論―が登場しました。

MMTは現実に行われているお金と経済の説明

現代貨幣理論が主張していることを簡単に説明しましょう。MMT（現代貨幣理論）の功績は、お金を創る方法（貸し出し=借り入れにより、貨幣が「無」からつくられる）を詳しく証明したことです。加えて、「誰かの赤字は、誰かの黒字」「政府の負債は国民の黒字」などの事実を、明らかにしたことも挙げられます。そして財務省の御用達である主流といわれる経済学者たちがまったく現実の経済を理解していなかったこともわかってきました。

お金は誰かが銀行からお金を借りたとき、銀行側が預金通帳にその金額を印字したときに「無」から発行されます。にわかには信じられないかもしれませんが、これは事実です。このことを「信用創造」といいます。2014年イングランド銀行は、季刊誌『現代の経済における貨幣創造』の中で信用創造について以下のように解説しています。

「銀行が貸出を行う都度、それと同時に匹敵する預金を借り手の銀行口座内に創造し、それによって、新規の貨幣を創造する」とし、「今日、貨幣が創造される現実の仕組みは、経済学の教科書に見受けられる記述と齟齬がある」と述べています。そして、「銀行は、家計が預けた時に受け取った預金を貸し出すのではなく、銀行の貸出が預金を創造する」とあります。ほとんどの人々が、銀行は私たちが預けた預金を又貸ししていると思い込んでいます。しかし現実は違っていました。

政府による通貨発行は銀行による通貨発行、つまり信用創造と同じようなプロセスを辿ります。国債を発行して政府が国民に対し支出をすると、新しい預金通貨が「無」から発行されて、国民の預金が増えて国民を豊かにすることができるのです。政府の財政赤字は国民の黒字であることは明らかです。コロナ禍の２０２０年に、政府が新規国債発行をして全国民に一律10万円を配りました。政府は約13兆円の負債を増やし、国民側は13兆円の銀行預金を増やしました。このような通貨発行の仕組みを理解しない財務省、国会議員、マスコミ、経済学者、経済評論家は、間違った教科書に則り今まで、「政府が国債を発行すると民間の預金が減るので金利が高くなり民業を圧迫するので国債発行は押さえなければならない」と主張してきました。しかし事実が間違いを明らかにしました。政府が国債を発行して政府支出をすると私たちの預金は増えるのです。

覚えて欲しいのは、お金を「無」から創り出すのは、誰かが銀行からお金を借りたときと、政府が支出するために国債という借用証書を発行したときの2パターンしかないのです。

　そして、大切なことは「政府は自分でお金をつくれるのに財政破綻するはずがないでしょ」、ということです。財政破綻（政府の債務不履行）がないので、日本政府にはお金を無限に発行する能力があります。なにしろ数字を書くだけなので。もちろん状況によっての制約はありますが。今はデフレ不況です。つまり、政府は国難に陥ったとき、政府支出を増やすことによって、多くの国民を助けることができます。しかし、この経済的にも未曾有なコロナ禍においてでさえ、「財政破綻する」のカンチガイから政府支出を渋り、国民をあまり救おうとしませんでした。国民の生命と財産を守るのが政府の役目のはずです。政府支出の上限は過度なインフレにならないくらいに適正に行うことです。日本の経済政策は、デフレにもかかわらず真逆のインフレ対策をやってデフレをさらに深刻化させてきました。まるでデタラメなのです。

　税金は、私たち日本人が日本円を使うために取られます。もし税金を払わなければ、私たちはお縄になります。そのくらい国家権力は強いのです。でも本音を言えば、税金を取る側が、お金をつくる仕組みや税金について間違って理解していたら…払いたくないよね。

そして、税金には社会を安定させる力があります。景気が良すぎるときは、政府の支出を減らし、増税することによって景気を冷まします。なにせ税金が増えれば私たちの使うお金が減るでしょう。景気が悪いときには政府支出を増やし、減税することによって、景気を回復させるためのアクセルを踏みます。また、格差が広がると社会が不安定になるので、お金持ちからいっぱい徴税し、貧しい方々からはあまり取りません（応能負担）。また、国民の健康を考えてたばこ税を取ったりもします。ということは、政府がお金を創り出し支出するのが先で、私たちが税金を払うのが後ということです。つまり「税金は財源ではない」ということが明らかになっています。だから財政収支の帳尻をつけることに意味はないのです。皆さん是非覚えてください。「税は財源じゃない!!!」これは大切なので是非覚えていただきたい。元衆議院議員の安藤裕先生がよくこのワードを使いながら歌っています。

「誰かの赤字は誰かの黒字」「政府の赤字はみんなの黒字！」

貨幣を発行する政府の赤字は、私たち国民の黒字なのです。政府の国債発行は、「政府の純負債を増やす」行為です。しかし、その時国民の「純資産」が増えているのです。

政府の負債（貨幣発行残高）は、国民の資産です。つまり、通貨発行権をもつ政府の赤字は、国民の黒字です。このコインの裏表のような関係（貸借関係）が経済の原則なのですが、この原則からいろいろなことが見えてきます。

「プライマリーバランス」とは、国家の収支バランスのことで、歳入（国債など借入金を除く）から歳出（国債の利払い等を除く）を引いたものをいいます。「プライマリーバランスの黒字化」とは、「国家は税収の分だけ支出する」ことです。この「プライマリーバランス黒字化目標政策」は、長期財政削減政策です。しかし、誰かの黒字は誰かの赤字が経済の原則です。そして、国家の収支において絶対に変えられない恒等式があります。

政府の収支＋民間の収支＋海外収支（輸出入）＝０です。

この恒等式からみると、政府のプライマリーバランス黒字化は、民間の赤字化になり、国民を貧困化させ、貧民を増やす国家的自殺行為なのです。

Ｇ20で「プライマリーバランス黒字化目標」を導入している国は日本だけです。これは驚きのデータです、国際標準でみるならば政府の純負債（負債―資産）／ＧＤＰで財政健全化されているかをみます。すると、日本はＧ７の中でカナダに次いで財政健全化されているのです。（２０１８年10月ＩＭＦ（国際通貨基金・International Monetary Fund発表）

デフレ状態であり、貧困が進み需要が減退した日本における正しい経済政策のあり方は、長期財政拡大計画を組み、民間企業の投資を誘引しつつ、お金を流通させることによって需要を喚起し、インフレ率を見ながら機能的に財政を調整していくことなのです。誰かの金融資産は、必ず誰かの金融負債である。私たちが銀行に預けているお金（資産）は、銀行の負債です。この事実が意外と知られていないようです。そして、誰かがお金を借りるということは、その時銀行の資産が増えて、「無」からお金が生まれています。繰り返しますがこのことを信用創造といいます。このお金は誰かからの預金からお金を貸しているわけではありません。このお金を借り手が返したとき、お金は消滅します。これが事実です。

私はあるとき会社の経理担当の友人と、現代の貨幣について議論をしたことがあります。その時、「おまえ、銀行預金はなにかわかるか？　実は銀行預金は銀行にとって負債なんだよ」と話したら驚いていました。そして貸借対照表を見せてあげると納得！　普段ただ何となく仕事をしていると、なかなか気づけないようです。まさに灯台下暗し！

これも当たり前なのですが「誰かの支出は、誰かの所得」

誰かがお金を使えば、必ず誰かが儲けて所得を増やします。お金は消えません。お金を使う人のお金は消えますが、片方でお金を得て喜ぶ人がいるのです。よく、「今は高齢者

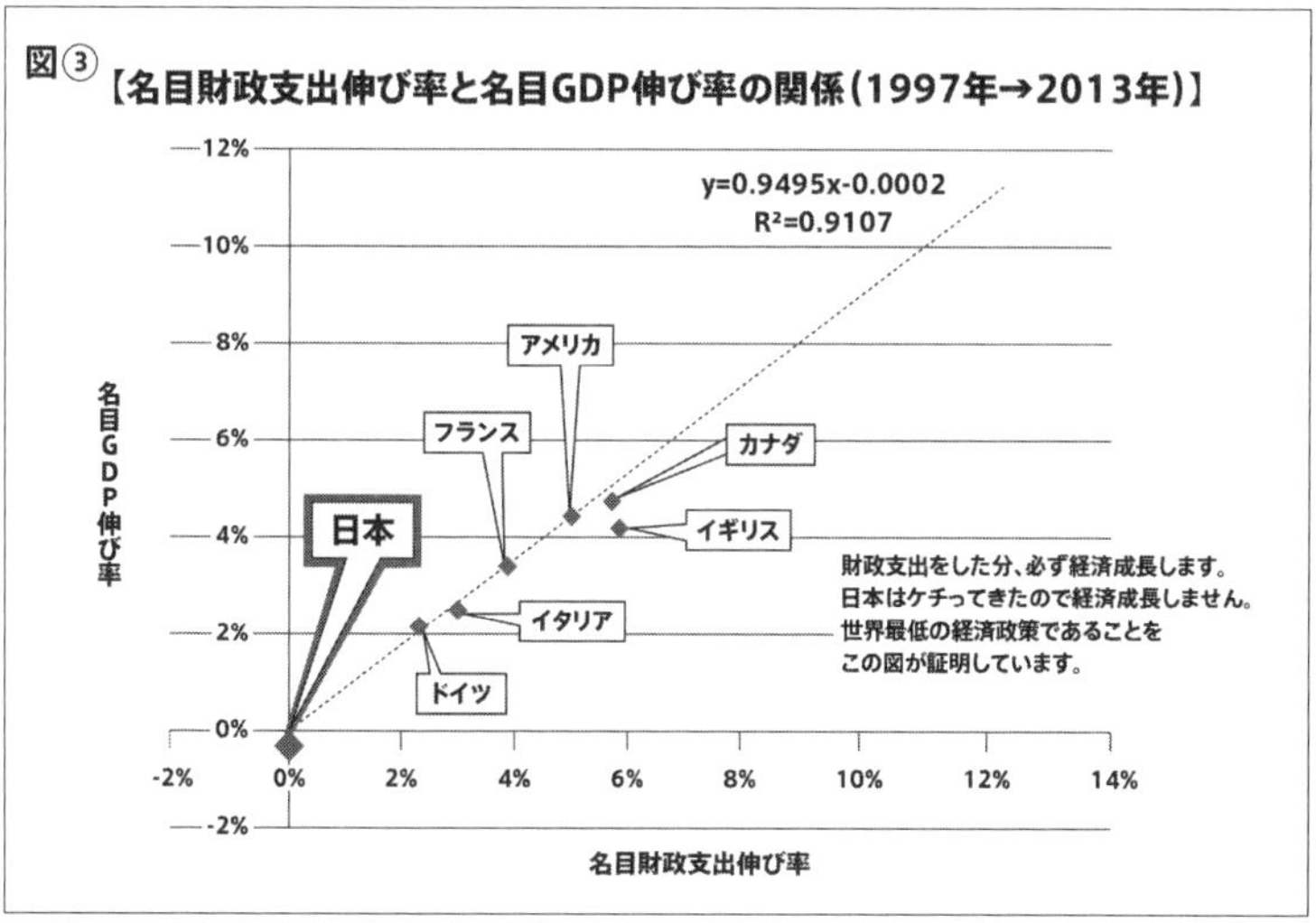
図③【名目財政支出伸び率と名目GDP伸び率の関係（1997年→2013年）】
y=0.9495x-0.0002
R²=0.9107
12%
10%
8%
6%
4%
2%
0%
-2%
名目GDP伸び率
-2%
0%
2%
4%
6%
8%
10%
12%
14%
名目財政支出伸び率
アメリカ
フランス
カナダ
日本
イギリス
イタリア
ドイツ
財政支出をした分、必ず経済成長します。
日本はケチってきたので経済成長しません。
世界最低の経済政策であることを
この図が証明しています。

本図表は島倉原氏の作成された図表を基に制作。

が預金をいっぱい持っているから大丈夫だけど、それを使ってしまったらお金がなくなって大変なことになる」という方がいらっしゃいますが、冷静に考えてください。ご老人がお金を使ってもお金は消えません。誰かにお金が渡るだけです。お金が流通することを経済と言います。これらの事柄は、普通の経済通なら誰でも認める常識の類であり、なんら奇抜でもなんでもなく、あたりまえなのです。ここから見えてくることは、財務省や政府、そしてマスコミや多くの経済学者が今まで主張し実行してきたことが、ＭＭＴの主張する現実と、真逆であることが読み取れます。

「失われた30年」とよく言われますが、

実際に世界各国の財政支出の伸び率と経済成長率を比較したグラフ（図③参照）をみてみると、ＧＤＰ（国内総生産）成長率は財政支出伸び率と相関関係にあることがわかるでしょう。ＧＤＰが成長するということは、経済が成長することです。経済が成長するということは、必ず全体的に所得が上がるということです。

この図③を見ると、日本がいかに異常であるかがわかります。日本はこれから人口減少に伴い、また成熟社会となり、欲望もある程度満たされたので消費も少なくなるので経済成長しないと言う人々を多く見かけます。もっともらしい考えに見えますが、それは全くの誤解です。政府が財政拡大して需要を供給に追いつかせ、経済成長のアクセルを踏めば、数値上必ず成長できるのです。これは単純な足し算の話しです。なぜなら政府の支出は国内総生産に含まれているのです。政府が適正に政府支出をしてこなかったことが、「失われた30年」の原因です。私たちは、日本はもう経済成長はしないと思い込まされてきました。そのおかげで実質賃金は過去30年間で15％も減り、若年層の貧困化は著しく、中間層が減り続け、多くの若者にとって夢も希望もない日本になってしまいました。私たちはこの残酷な現実を直視するべきです。「正しいお金と経済のしくみ」を知ると世の中がクリアに見えてきます。そして解決策を見つけ出し実行することです。

政府がやるべきことは、まずＧＤＰが成長できるような適正に政府支出を増やすことなのです。今まさに経済学のコペルニクス的転回が起こっています。

ここ数年ＭＭＴに関連した本が数多く出版されています。また、インターネット上でもいっぱい検索することができますし、多くの識者がYouTubeなどで素人でもわかるような動画を配信しています。是非触れてみてください。

センメルヴェイス反射とＭＭＴ

センメルヴェイス反射とは、通説にそぐわない新事実を拒絶する傾向、今までの常識から説明できない事実を受け入れがたい傾向のことを指します。この用語は、オーストリアのウィーン総合病院産科に勤務していたハンガリー人医師センメルヴェイス・イグナーツ（１８１８-１８６５）が、「手洗い」の大切さを訴え、現在の消毒法、院内感染予防の基礎に貢献するという大きな功績を残しながらも、当時のまわりの医師たちの無理解により不遇な人生を送ったという史実に由来しています。

１８４７年、産科医センメルヴェイスは、出産した母親が産褥熱という病気にかかって死亡する現象を観察し、助産婦立ち会いのもとでのお産では死亡率が低いのに対し、医師分娩のもとでは死亡率が助産婦分娩の10倍にも上ることに疑問を持ち調査していました。そしてその原因は、術前の手洗いと消毒にあることを発見したのです。その事実を上司に報告するのですが、上司は彼の主張を無視し、他のどの医師たちもその事実を受け入れませんでした。この発見が事実であるとすると、「長年、医師が大勢の母子を殺してきた」ことになってしまうからです。とうてい事実を事実として受け入れられずに無視し続け、とうとうセンメルヴェイスはウィーン総合病院から解任されました。その後もセンメルヴェイスはひたすら自らの主張を説き続け、１８６０年には著書を発表し論敵を激しく批判しました。１８６５年、彼に悲劇が訪れます。とうとう精神異常者とみなされ精神病院に送られてしまいました。センメルヴェイスは精神病院から逃亡を試みましたが、守衛たちに取り押さえられ暴行を受けました。そして、その時に受けた怪我がもとで死亡したのです。

当時はまだ細菌の存在がはっきりと証明されていなかったので、彼の主張は医者たちの常識から外れた妄想や思い込みとして扱われたのでした。しかし、センメルヴェイスの主張が受け入れられなかった大きな理由の一つは、医者たちのプライドと権威主義にありました。彼らはそれなりに気づいていたはずですが、もし彼の主張を認めたならば、大勢の人々が術後に亡くなった原因は「医者が手を洗わずに不潔だったから」ということになります。

この事実は、エリートである彼らだからこそ、なおさら受け入れることができなかったのです。この事件の被害者であるセンメルヴェイスの名前をとって、多数派の意見に同調し、事実であろうとなかろうと少数意見を拒否し、攻撃すらしてしまうことを、「センメルヴェイス反射」と呼ぶようになりました。いまでは、センメルヴェイスは「手洗いの父」「母親の救世主」「院内感染の父」として広く知られ、その偉業をたたえ、渋谷にある日本赤十字医療センターに銅像が設置されています。

今現在、日本でセンメルヴェイス反射現象が、しかも国家のあり方や国民の生死に関わる国家予算を決める財務省や政府、そして御用経済学者やマスコミの中で起こっています。また、「財政破綻する！」と繰り返し伝えられた私たち、特にお年寄りに多いみたいですが、この現象が起こっています。彼らにとってはものすごく不都合な真実なのです。なにせ今までやってきた経済政策を全部否定されるわけですから。

２０１９年８月、『ＭＭＴ―現代貨幣理論入門―』（ランダル・レイ著・島倉原監訳、鈴木正徳訳、東洋経済新報社）が発刊されました。この本は、今まで財政破綻論を声高に主張し、デフレであるにも関わらず国民を貧困化させる歳出削減（政府の支出を減らすこと）・増税を繰り返し行ってきた、エリート層を恐怖に陥れたようです。いわゆるエリート集団である財務官僚は、国家財政を家計に喩え、財政赤字は国の借金だからよくないという印象をメディアに繰り返し発信させて国民に刷り込ませてきました。皆さんも時々聞いたことがあるでしょう。「国の借金が１０００兆円超えた―、国民一人あたり１０００万円の借金を抱えることになる―」「国債を発行すると財政破綻する―」等。MMTは、そのことが全くのデタラメであることを、事実によって暴いたからです。MMTは、「お金ってなに？」、「お金はどのようにしてつくられているの？」、お金が現実にどのように流通しているのか等、あくまでも現実を説明することに徹しています。

しかし、いまだにありもしない財政破綻論を振りかざす財務省や政府、財務省の言うことをそのまま鵜呑みにしてたれ流すマスコミや経済評論家のMMT批判が後を絶ちません。

しかし、その理論についての批判にはいまだ出会ったことがありません。なぜなら、現実に行われていることを変えることはできないからです。物は重力によって上から下に落ちます。これは誰もが認める事実です。それと同様に、現実に動いているお金の流れというものを、私たちは変えることができません（多くは目に見えませんが）。そして、そこには長年ほとんどの人が思い込んできた、国家の財政を家計簿やおこづかい帳と同じように考えてしまうカンチガイが存在するのです。

30年間日本を衰退させてきたのが実は政府自身であったなど認めるわけにはいかないのでしょう。ＭＭＴに対する攻撃はさらに続いています。でもいつも思うのですが、批判するのであったら、せめて1冊くらい本を読んでからにして欲しい。でも、「日本人ってすごいな」、とも思うのです。経済についてあまり考えたことのない私たちにとって、今まで刷り込まれてきた常識を変えることは結構大変なのです。しかし、一般の皆さんも徐々に勉強をはじめ、多くの日本人が事実を知り始めています。世の中が変わるときは、すべて少数派から変わっていきます。一挙に変わることはないのです。私たちは曲がりなりにも民主制の国家に暮らしています。地道に、地道に学び声を上げて、正しいことを主張していかなければなりません。今では医者が患者を治療するときに、手を洗うことは当たり前になっています。地球が太陽の周りを回っていると認識することも当たり前です。ただなるべく早く変えた方がいいのです。なぜなら、今の経済政策がこのまま続けられたら、多くの庶民が苦境に陥り、命さえも失うからです。

閑話休題　「私たちがかけるべき『メガネ』」

　戦後輪王寺で修業しながら東北大学に通い、のちに曹洞宗管長にまで上り詰めた板橋興宗禅師（1927-2020）は、「人間は欲という色メガネをかけるからまちがった方向に行きやすいんじゃ」とおっしゃっていました。確かに「憎しみのメガネ」をかけるとやさしさが消えてしまいます。「もっと欲しいメガネ」をかけると欲望に限りがなくなります。最近総理大臣のあだ名が「増税メガネ」と呼ばれていますが、なるほど言いえて妙だなと思います。頭にこびりついた間違えた知識をもとにしたメガネをかけてしまうと、政策も決断もすべて間違えてしまうんだな〜とわかります。首相のかけているメガネはお金しか見えていない、それから財務省やお友達エリートのほうしか見えていない、不思議なのですが国民の生活は見えないようなのです。そしてそのメガネは、権力欲と保身の色が濃いようです。人はそれぞれ思考が違います。でもこのメガネは経済無知からきているのでつける薬がない誠にタチが悪い。

　ここで日本のスタグフレーション（物価は上がるけれど賃金が上がらない、つまり変えるモノやサービスが少なくなる）という現状をとおして、「増税メガネ」をかけた政治家と「減税メガネ」をかけた政治家の双方から見える景色を考えてみましょう。まずは「増税メガネ」、このメガネは世の中全体を見ていない。見えるのは政府の負債のみ（かれらは国の借金と言い換えている）、都合よく国民の借金とカンチガイしています。そして、何をやるにしても「お金がない」「国の借金が一千何百兆円超えたー、大変だー」とやって、「ここに多く予算をつけなければならないから、増税も仕方がない」とこちらも都合よく思ってしまう。「増税メガネ」をかけながらも日本をよくしたいという方々は多いのですが、「国の借金を将来世代に残してはいけない」という言葉に引っかかってしまうのです。「増税メガネ」をかけると、頭の中が家計簿になってしまいます。現代のお金がどのような仕組みで発行されて私たち国民に流れているのかを理解できていません。いや理解しようとしていない。また、現代貨幣における税金の役割を理解していないので、税金で公共事業やサービスを行っていると錯覚しています。国家にはお金がないから（自分でお金をつくっていながら）、予算は削るか、増税するしかないと本気で思い込んでいるようです。財務官僚やそのお抱えの経済学者などがそうです。だから、かれらは考えることなしにひたすらマシーンのごとく増税に突っ走るのです。機械ゆえに心がないから国民の方は一切向いていないのです。

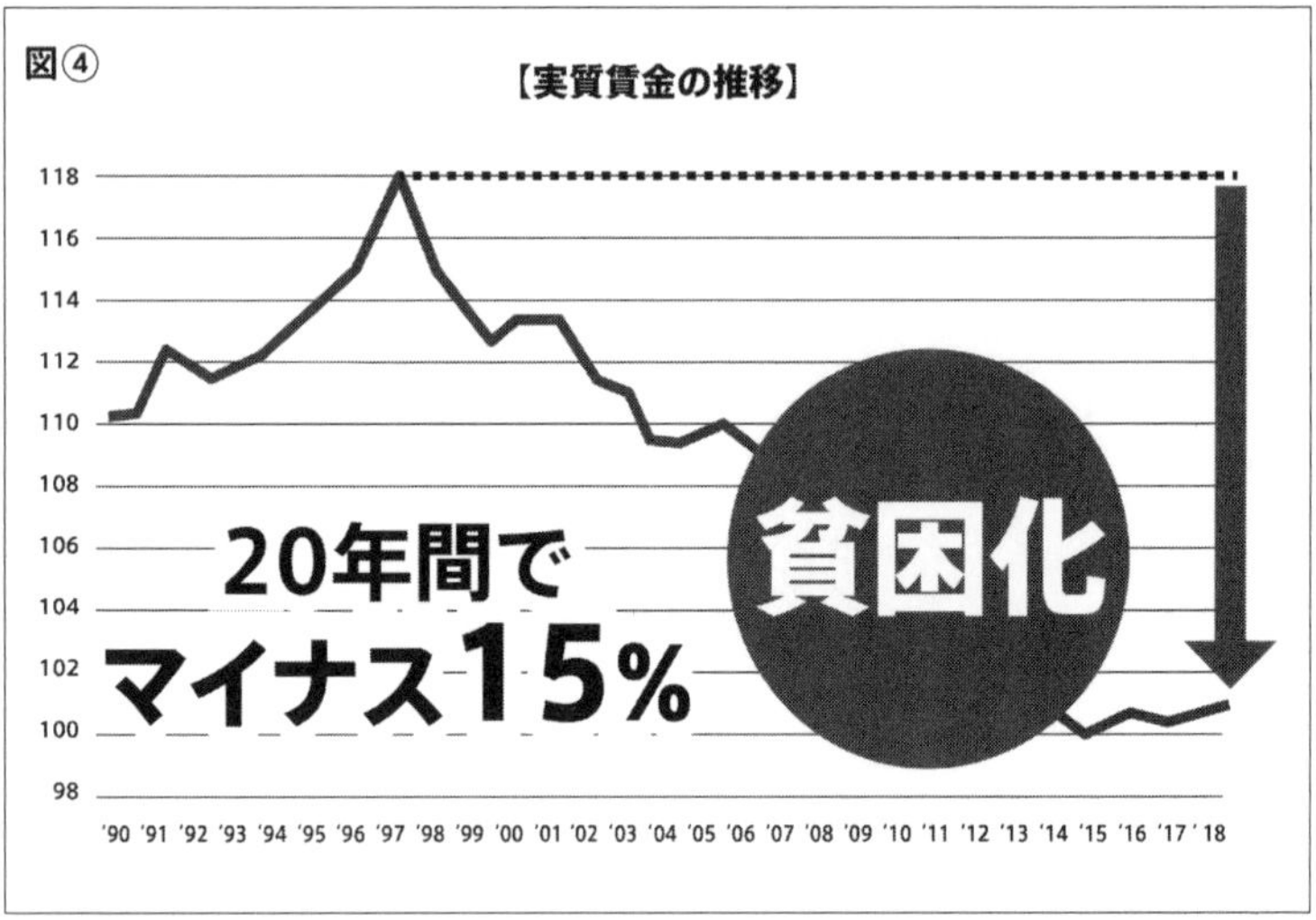
図④
【実質賃金の推移】
118
116
114
112
110
108
106
104
102
100
98
'90 '91 '92 '93 '94 '95 '96 '97 '98 '99 '00 '01 '02 '03 '04 '05 '06 '07 '08 '09 '10 '11 '12 '13 '14 '15 '16 '17 '18
20年間で
マイナス15%
貧困化

一方で「減税メガネ」をかけるとどうなるでしょう。このメガネは現代のお金のシステムを理解しています。世の中全体を見ることができるので、現在起こっている現状を見て適正な経済政策を行えます。景気が落ち込んでいるときは当たり前だけど減税。景気が過熱すれば「増税も仕方がない」ということを当たり前に理解しています。状況判断で何が最適かを判断するのです。現状は、コストプッシュ型インフレです。このインフレは、輸入物価上昇や消費税増税など外からの影響で起こり国民が困窮します。物価高騰に対する措置は、消費税減税もしくは廃止が一番適正な経済政策になります。そもそも**消費税自体がデタラ**

メから始まり、消費増税のたびに国家を凋落させてきた歴史があります。詳しくは「消費税減税ニッポン復活論（ポプラ新書 230）新書-2020年藤井聡・森井じゅん著」を是非読んでみてください。「減税メガネ」をかけていると、たとえば社会保険料ですが、これは社会保険税と言ってもいい。毎年少しずついつの間にか値上がりしています。これが多くの国民を貧困化させ、雇用環境も悪化させています。（図④参照）塵も積もれば山となる、ですね。じゃあどうしたらよいのかを「減税メガネ」は考えます。「これ国債発行でいいんじゃやねっ。だって政府が国民を救うという意思さえもてば、国債発行で簡単にできることだから」となります。でも「増税メガネ」は言います。「そんなことしたら財政破綻する—」と。そして、「国民を甘やかしてはいけない」などとのたまう。私から言わせてもらえば「勉強もできない政治家を甘やかしてはいけない」となるのですが。要は正しい貨幣観を持てるかどうかにかかっているのです。そして現実に行われているお金の流れを認識できるかどうかなのです。デフレ期では、政府がお勉強していないと「増税メガネ」になってしまいます。自分でカンチガイしながら「私は信念を貫きます」と言う政治家がいましたが、困っている国民を救おうともしない、経済政策の何たるかを理解していない、なんかカッコ悪くないですか？

「増税メガネ」をかけちゃうと、世の中を前向きにとらえられなくなります。そして「将来世代にツケを残してはいけない、増税も仕方がない」と夢も希望も持てなくなります。「減税メガネ」のほうは、財政破綻はあり得ないことも、将来世代にツケを残さないことも理解しているので、適正な通貨発行をすれば日本もまだまだいけるという解決策を知っています。だから明るく夢と希望をもって生きることができるのです。皆さんあなたはどっちを選びますか？

第2章

デフレーションとは縮むこと

第2章　デフレーションとは縮むこと

経済政策を30年間まちがい続けた

過去30年間、デフレにもかかわらず緊縮財政といった間違った経済政策よって、多くの企業が倒産し、経営者が自殺をし、国民が貧困化しました。経済成長もできず、必要な教育投資をおこたり、国土強靱化を唱えながらも公共事業は無駄であると考えインフラ整備もおこたり、私たち多くの日本人は政府から、緊縮財政そして増税というセルフ経済制裁を課せられてきました。しかし、日本国民が「正しいお金と経済のしくみ」知れば、主権者である国民が政治家を正しく動かしていくことができるはずです。国民主権の民主制度のもとでは、選挙で選ばれた政治家が多数決によって政策決定をします。しかし、今や財務省が権限を握り、財務省のための経済政策が行われ、従来行われるべき財政政策が無視され日本国家は衰退し、多くの国民が苦しんでいます。

なぜこんなことになってしまったのか、少数ではありますが識者が徹底分析し、今では国家衰退のいろいろな理由がわかってきています。デフレとは、国民全体のモノやサービスをつくる力が、政府や民間企業、国民がモノやサービスを買う力よりも上回っている状態です。デフレーションを日本語にすると「縮む」ということです。国民ががんばってモノやサービスを生産しても、買う力がないので需要が減り、生産したものが売れないのです。その状態がずっと続くと、やがて会社の社長さんは、儲けられないのであれば、そのサービスをやめてしまうでしょう。そうするとその工場で働いている人たちも必要なくなり、解雇されたり給料を減らされたりするでしょう。設備もいらなくなり、会社を辞めざる得なくなってしまいます。そしてその現場での技術の引継ぎも行われず、その産業はどんどん衰退します。これは大きな喪失なのです。不景気のときは、どうしても前向きにとらえて決断できないので、これはあたりまえな事なのです。普通の会社は、利益をあげられないと続けることができない。そして世の中全体の経済がどんどん小さくなっていくことをデフレスパイラルと言います。みんなの使えるお金がなくてモノやサービスが売れなければ、会社は投資をしません。会社は「これは売れる」と確信するから工場を建てたり、新しい機械を買ったりする投資をして、今までよりももっとたくさん作れるようにして、モノやサービスを買ってくれる人々に応えようとします。しかし、不景気なので会社は投資をせず、作る力が衰え、働く人も必要なくなってきて、国民の賃金は下がり続け、ますます買い手が少なくなり、その結果多くの国民が貧困化したのです。まさにデフレスパイラルですね。日本には唯一破産の心配をする必要のない存在があります。そうです、日本政府です。しかし・・・。

日本政府はデフレを30年間放置しました。

しかもあろう事か、政府までも一緒になって投資を削りました。不況で需要が縮小しているときに投資できるのは、破産リスクのない政府しかあり得ないのです。しかしやらなかった。そしてこの路線をまだ続けようとしています。正しい経済を学んでいると、日本政府のやっていることは、もはや異常としかいいようがないのです。ＭＭＴがどうのこうのという以前に、不況であるにもかかわらず、中学校の公民の教科書に載っていることすらしてこなかった、しかも「財政破綻する」といって真逆のインフレ対策を行い、不況をさらに深刻化させてきたというマヌケなことをやってきたのが現実です。日本政府は過去30年間、間違った貨幣観からくる、ありえない「財政破綻論」に基づく立場から緊縮財政が正しいと信じ込み、政治の大きな目的である国民の安全安心に必要な政策でさえも予算を削ってきました。私は、まさか日本国政府から私たち日本人の生命と財産、そして心を守らなければならない、そんな時代が来るとは想像もしていませんでした。それでは、過去30年間のまちがえた政策によって何が起こってきたのかをみていきましょう。

地方の衰退　伝統文化の危機

山形県と宮城県の有志が集い、「地方を豊かにする勉強会」が令和４年４月に発足しました。私はこの勉強会の発会式において基調講演をさせていただきましたが、多くの参加された皆様が危機感を持っていることをひしひしと感じました。今地方は過疎化が進みどんどん衰退しています。その原因は明らかです。

地方は、中央政府からの「地方交付税交付金」を削られてきました。道路や橋などのインフラの補修もままならず、地方公務員もどんどん削られ、非正規雇用を増やすことによって賃金がカットされています。中央政府が予算をケチれば、地方は衰退します。「お前たちは努力が足りない」とばかりにこれをずっと続けてきたのです。

私たちは、今まで日本は公務員が多すぎるので減らすべきであると認識していましたが、はたして本当でしょうか？　労働人口に対する公務員の割合は、世界各国と比べるとダントツに少ないことがわかります。地方交付税交付金が減らされれば、地方自治体の財政を

図⑤
政府
国からの
「地方交付税交付金」を
減らされて
飲みに
行くのも
減らすか
公務員
圧力
ハイ、すみません。
給料減らします
お前ら給料
もらいすぎだー！
趣味もがまんしよう
圧力
＝
するとお金が使えない
この地域は衰えるよね
市民

圧迫します。財政が厳しければ、先ず削るところは人件費です。さすがに公共サービスを削ることはできません。住民からの反発がきますから。

自治体は公務員を減らし、代わりに公務員の非正規雇用化を進めてきました。公務員の給料が下がれば当然その地域全体のモノやサービスを買う力は下がります。誰かがケチれば誰かが損をする。政府がケチってますます地方は衰退したのです。

私たちは今までデータを見ずに何となくのイメージで「日本は公務員が多い、公務員は効率が悪いからダメだ」（これって本当なの？　民間にもさぼっている人いっぱいいるよ!!）と刷り込まれ、「官から民へ」

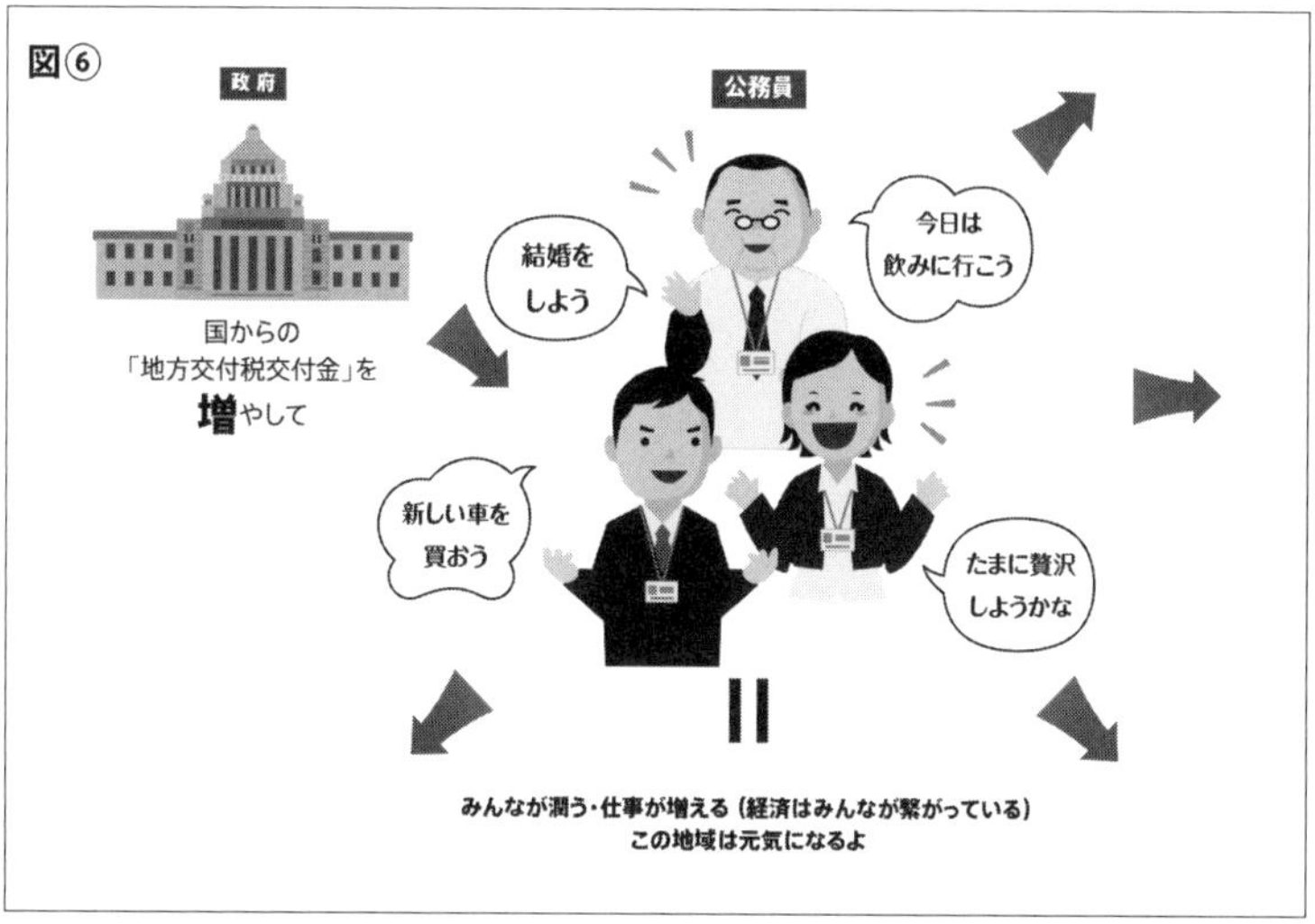
図⑥
政府
公務員
国からの
「地方交付税交付金」を
増やして
結婚を
しよう
今日は
飲みに行こう
新しい車を
買おう
たまに贅沢
しようかな
＝
みんなが潤う・仕事が増える（経済はみんなが繋がっている）
この地域は元気になるよ

の掛け声のもとで公務員を減らしてきました。公務員の数が少なくなっても平時なら対応できるでしょう。しかし、いざという時、例えば自然災害、大事故、感染症などの非常時に、少数の公務員で対応できるのでしょうか。

私たちはこの度のコロナショックで実感したはずです。地方自治体はいざという時のために余裕を持たなければなりません。今や2割から3割の公務員が非正規雇用になっています。（図5・6参照）

そしてとうとう宮城県では「水道民営化」を決断しました。これは、県にはお金がないから民営化するということで、決してサービス向上の為ではないのです。水道という私たちの命に係わる部分を民営化するとどうなるでしょう？　水道に何かトラブルがあった場合でも、民間の会社は利益を追求するのでなかなか対応しない、「じゃ値上げ」ということになりませんか？　私たちの命に係わる事業を民間にまかせてはならないのです。私たちは値上げされてもその水を飲まなければ生きていけないのですから。

自治体の首長の仕事は、大切なことを民間任せにすることではなく、住民の命を守るために「**お金をつくれる中央政府**」からお金を引っ張ってくることでしょう。もし非正規公務員が正規雇用になったら、地域の経済は元気になるはずです。給料が倍になれば、間違いなく彼らはお金を使うからです。「たまには美味しいごはんを食べよう」とか、「そろそろ車を買い換えようか」とか、みんなが潤うようになります。経済は人と人がつながることで成り立ちます。誰かが潤えば、徐々に周りも潤います。景気がいいということは、みんながお金を使ってお金がグルグル回すことです。みんなで豊かになりましょうよ。

地方自治体は、主に「地方税」と「地方債」と「地方交付税交付金」によって運営されています。そして中央政府と違い、地方自治体はお金をつくる「通貨発行権」を持っていないので、地方債（借金）を返すことができなくなった場合、夕張市のように財政破綻してしまいます。でも「通貨発行権」を持っている日本政府の破綻はありえないのに、ありえない「財政破綻論」をみなさんに広めることによって地方交付税交付金を絞ってきました。地方が衰退するのが当たり前なのです。県議の先生方の仕事は、県民のために予算をつけて、中央政府からお金を引っ張ってくることです。なにしろ中央政府だけはお金を「無」から創り出せるからです。そして「地方創生」を唱え「ふるさと納税」を実施して自治体を競い合わせていますが、特徴のない特産品も何もない脆弱な自治体が勝てるわけありません。そもそも地方公務員は商売などやったことがないのですから。政府がカンチガイからやるべきことを放棄して、地方同士を争わせて、負けた地方は努力が足りないとばかりに切り捨てる。貨幣観をまちがえて「お金がない」と思い込んでしまうと、残酷な政府になってしまうのですね。

私はお寺を運営しています。伝統文化を守り、祖師方のお考えを守り伝え、かつ時代の変化にもついていけるようなお寺にするのが和尚の役割です。そこには植木職、佛具師、腕のいい大工さんや左官工などが出入りします。ここ20年間ときどき気づくのですが、「職人さんが減ったなー」と。例えば本尊さんを祀り、本堂の中心にお供物を捧げる須弥壇という台があります。大正時代から使っていたのでもうボロボロでした。和漆で丁寧に塗りなおしたのですが、その技術をもつ職人さんがいなくなりつつあり、そして和漆自体がもうほとんどないそうです。80歳後半のおじいちゃんがやってくれたのですが、その後継ぎがいない。何百年続いてきた技術でも、一度失った技術を取り戻すことはできないのです。田舎のお寺は人口減で苦境に立っています。若者はどんどん職を求めて都会に移住します。そうするとお年寄りばかりが残ります。墓守りも減り、お寺の跡継ぎですらいなくなり、兼業寺院が増えています。お寺の維持も大変で、仏具を揃えることもままならない。こうやって地方の伝統文化も消えていくんだろうなーと感じています。

地方を衰退させた責任は、明らかに地方に回すべきお金をケチってきた日本政府にあります。しかも、これはお金についてのカンチガイから来ているのです。少子化問題も絡んでいます。

科学技術　教育の衰退　医療の弱体

技術は経済の基盤です。技術がなければ設備投資も公共投資もできません。

2000年度を100とし、各国の科学技術関係予算を比較すると、中国が11倍、韓国が4.7倍、アメリカ、ドイツ、イギリスといった先進国ですら1.5倍強。それに対し、我が国は1.06倍。予算を全く増やしていません。

さらに、２００４年度から国立大学を独立行政法人化し、「短期の成果主義」を取り入れました。予算の削減と、短期の成果主義が蔓延し、長期的な研究開発がほぼ不可能となりました。大学教員が今流行りの研究に群がり予算を獲得するようになり、不確実な研究を避けるようになってしまうのは当たり前のことです。大学がアカデミックではなくなったのです。これも政府のお金に対するカンチガイが原因です。まず科学技術関連の予算を増やしかつ長期に予算をつけ、研究者の雇用を安定させて長期的研究ができる、これが先進国の大学のはずです。研究の成果がいつ出るかは誰にもわかりません１００年後かもしれないし、ずっと日の目を見ることがないかもしれません。でもそれでいいのです。研究というものは、そのプロセスが大切です。もしかしたらその過程で新たな発見も出てくるかもしれません。学問は結果がわからないから楽しいし夢があるのです。短期で成果を予測できるものも大切かもしれませんが、大学はある程度の自由がなければいい研究などできないでしょう。政府の意思があればできるのです。科学技術は産業の米であり、生産性の向上、国力の維持に不可欠なのです。

かつて日本は科学技術立国として世界に名をとどろかせていました。時々ノーベル賞をもらい、私たちは喜び、子供たちも後に続け、とばかりに、夢をもって勉強したものです。しかし今やその地位も失ってしまったようです。研究者が安心して研究できる環境を、政府のお金についてのカンチガイが潰してきました。教育の衰退は国力の衰退です。子供たちは国の宝です。私たちは過去の先人たちが苦労して残してくれた思想や社会資本（道路や橋、水道や鉄道など）様々な恩恵を頂戴しながら今を生きています。そしてこれからの未来を作ってくれるのが子供たちです。その子供たちへの教育費を削ってきたのが、今の私たち大人なのです。教育に投資するのは大人の役目であり、投資以上のリターンが間違いなく大きいのが教育投資です。内容云々をここではあえて言いませんが、今大学生のかなりの生徒が学生ローンに苦しんでいます。学生時代にローンの返済に追われ、勉強に集中できない学生も多く見受けられるようです。最近「東京貧困女子」というマンガ本が出ています。こんなマンガが出てくること自体がおかしいのです。

卒業してからも何百万円のローンを抱えて返済に追われる人生では結婚もできない、夢も希望もない。これもある程度政府が予算をつけてあげれば解決できるのです。あえて言いたい、大人が子供を見捨ててどうする！　世の中は因果応報で成り立ちます。この付けは必ず私たち大人に返ってきます。

医療は国民の生命を守る安全保障です。今回のコロナ禍において、保健所業務はパンクし、コロナ対応の大部分を担った公立病院の医療は逼迫しました。実は平時において、公立病院の経営は「赤字」で良いのです。なぜなら非常事態が起きたとき、私たちを救うことができるのは、平時の余裕だからです。民間医療は黒字を出さなければならないので、儲けるための経営をしなければなりません。しかし政府は、カンチガイからの緊縮財政政策によって、採算を重視するあまり保健所を削り、公立病院の病床数を削っていきました。

「赤字の公立病院は潰せ！」と、非常時に我々の命を救う「平時の余裕」を「無駄」の一言で切り捨ててきたのです。このコロナ禍で、公立病院が少なく民間の開業医が増え過ぎているという医療全体の問題が明確になりました。また、保健所は未だにファックスで厚労省とデータのやりとりをしているなど、電子化の遅れも指摘されました。いざというときの余裕を担保してこなかった財政政策の失敗が、コロナ禍で証明されています。

公立病院は赤字こそが望ましく、足りない部分は政府が国債を発行して補填すれば良いのです。

すべてを効率化するという考えは、一見正しいように思われます。でもあまりにも効率を追求すると、なんとなくギスギスしてきませんか？　生活に余裕があるから趣味を楽しんだり、読書をしたり、スポーツにいそしめるのです。そして、いざという時に対応するため、ある程度の余裕を残しておくことが大事なのです。

インフラの劣化　そして自然災害に対応できない

多くの日本国民が、最近道路の白線が見えなくなってきたなど、なんとなく道路や橋などのインフラが劣化していると感じているのではないでしょうか。藤井聡氏（京都大学大学院工学研究科教授）は、著書「土木計画学」で土木の定義について、「自然の中で我々が暮らしていくために必要な環境を整えていくことを通じて、我々の社会をより良い社会へと少しずつ改善していこうとする営み」と述べています。

文明の発達は、インフラ整備から始まります。農業を営むためには灌漑設備が必要ですし、衛生的に生活するための上下水道、製品を効率よく運ぶための道路など。日本は高度成長時代に多くのインフラを造り上げ、生産性の向上を図りました。先人達はそれこそ必死に努力して、敗戦直後の荒廃から経済大国日本をつくり上げたのです。しかし、その貯金はそろそろ尽きようとしています。私たちのご先祖様が苦労して築き上げてきた道路や橋、水道や電気、通信や鉄道など、生活に欠かせない安全安心に、私たちは感謝しなければならないのです。そしてそれを土台にして、さらなる安全安心を未来に残してあげること、これが大切なのです。お金は政府が「無」から創り出せます。問題は「お金」ではありません。私たちの生活に大切なインフラを未来の子供たちに引き継いであげることです。お金に対するカンチガイは、まったく真逆のことをさせるのですね。

日本は地震大国であり、世界の自然大災害の20％が日本で起こるといわれています。にもかかわらず、公共事業を無駄であると削り続け、今や往時の半分近くまでになってしまいました。公共事業が削られれば、建設会社もやっていけません。建設会社はいざという時に重機を駆使して国民を救いますが、その建設会社も減ってしまい、災害時の出動すらおぼつかない安全安心をも放棄した国家に成り果てているようです。私は東日本大震災を経験しています。災害時に地元の建設会社がいかに活躍して、多くの被災した皆さんを救ってきたのかを目の当たりにしています。最近地震学者が、南海トラフ巨大地震が40年以内に起こる可能性が90％であると明言しました。その被害は甚大なものなるのです。少しでも被害を軽減させるために、国家が総力を挙げて早急に取り組まなければなりません。そのために政府が長期投資を決断し、国土強靭化をはからなければなりません。そうやって減り続けた建設会社を復活させ、いざという時のために備えておく必要があるのです。

もはや「お金がないから」（政府はお金を「無」からつくれる）などと寝ぼけたことを言っている場合ではないのです。

ある有名大学の経済学者が、「災害がおこることが予想されるのであれば、それに備えてお金を貯めておかなければいけない」などと言っているようですが、国民の命とお金のどっちが大切なのか、残念なことにそんな人として基本的なことすら理解していないようです。ちゃんとお金を使って災害に対する準備をしなければならないのです。しかも経済学者が（図⑦参照）「経世済民」を真に理解していない、そしてお金が「無」からつくられているという現実すら理解していないという恐ろしい事態なのです。

インフラ整備あっての生産性向上であり、再び豊かな日本を取り戻すため、長期計画を立て、公共事業に多くの予算をつけるべきです。政府の役割は、国民のために安全安心を確保することです。国家を破壊するための政治をやってはいけません。

安全保障について考える

多くの皆さんは、国家安全保障と聞くと、防衛を思い浮かべるでしょう。もちろん他国が攻めてきた場合の国防も大切だけれど、その考え方は国防のほかにもあり、多様なのです。私たちが普通に生活していても、その生命や財産などかけがえのないものが脅威にさらされる場合があります。そうならないように、政府があらゆる角度から脅威を想定し、国家がいかなる手段を使ってでも国民を守ろうとする意志が国家安全保障なのです。例えば食料や水、日本の食料自給率は38％と諸外国に比べて異様に低いのです。もし戦争が勃発し海路を絶たれたら、食糧の多くを輸入に頼っている現状では多くの国民が飢えるでしょう。また日本は災害大国なので、それに対する国土強靭化も必要でしょう。いざという時の医療ももちろん必要です。科学技術が衰退すれば、自前でいろいろなことができなくなってしまいます。もちろん防衛も。国民が貧困化すれば当然治安は悪化します。はて、いままで政府は真逆のことをやってきませんでしたか？　今あげたすべてのどれが欠けても国民の安全安心を確保することができません。今はまだとりあえず平和だからこそ安全保障のために、政府はお金を使い非常時に備えなければならないのです。何か非常事

図⑦

災害安全保障
政府
ハァ？
国民の命は
どうなるの？
非常事態に備えて
お金をためておこう
お金と経済の仕組みを
理解していない
非常事態を想定して
お金を使って備えるのが普通でしょ？

態が起きてからでは遅いのです。が、そうしない？　なぜ？　どうやらこれも、お金に対するカンチガイから来ているようです。ありえない「財政破綻論」に縛られて国民を守るためのお金すらケチっているのが今の政府です。

この当たり前のことを理解できない政治家を選んでしまった私たちにも責任はありますが、安全保障とは、平時にお金を使うことによって想定できるあらゆる有事に備えることです。そもそも政府はお金を「無」からつくることができます。それを「いざというときのために財政の余力が必要だ」などと言っていること自体がもはや悲劇の漫才なのです。この政府のカンチガイこそ

国民の命と財産にとって有事です。（図⑦参照）

考えてみてください。国家がこれらの安全保障の需要について真剣に取り組み、予算を組んで国債発行による政府支出をするということは、その仕事を私たち民間が受けるわけですから、その分仕事が増える、そして私たちの使えるお金が増えます。つまり不景気の現在（モノやサービスを買う力が作る力よりも弱い）では、政府が安全保障に支出をすることによって不況から脱却し、なおかつ国民の安全安心を確保することができるのです。

国民貧困化と少子化

日本国民の貧困化、そして少子化はあきらかに経済政策の失敗が原因です。日本の少子化は、結婚した夫婦が産む子供の数が減っているためではなく、結婚が減っていることで引き起こされています。この傾向はデータに表れています。そして、なぜ結婚が減るのかといえば、結婚適齢期世代（特に男性）の雇用が不安定化し、所得が低迷しているからです。日本政府は、雇用の流動化を促進させ、非正規雇用を増やし、今や雇用者数の約４割を占めています。若者にとって、正規社員になることが今や夢と言われるくらい正規社員がステータスになっているようです。会社にとって人件費は安いほうがいい。そして消費税増税や社会保険料の値上げが非正規雇用を後押ししました。会社というものは少しでも利益を上げたいからです。そこに経団連からの要望もあり、政府は移民受け入れの拡大を実施しています。これはさらに労働者の賃金を押し下げる圧力になります。なかなか安定した雇用にありつけず、将来に不安を抱え所得が上がらない若者が結婚できない状況です。

政府は「子育て支援」と称して対策をしていますが、結婚した家庭に対しての支援は「少子化対策」にはなりません。そもそも結婚できない人口が増えているのです。生活することにいっぱいで結婚は夢でしかない人が増えているのです。どうすればよいのでしょう。まずは若者全体の賃金の底上げが何よりも必要になります。ここ20年で日本人の実質賃金が15%も減っています。内戦が起こっているような国ならいざ知らず、これは異常な数字です。しかも格差拡大のしわ寄せが若い世代に押し付けられている状況です。人材派遣会社のような「中抜きビジネス」だけが儲かるシステムになっています。これはそのような社会をつくってきたのは政府の責任であり、決して若者が結婚したくないとか、能力がないから結婚できないという問題ではないのです。

政府は「異次元の少子化対策」と銘打って、その財源について議論しています。なんか心底空しくなってくるのです。現実に国債発行で行うからです。なぜならその年度の支出は必ず国債発行をして政府が支出し、私たちが税金を納めるのは後になるからです。徴税は世の中のお金を消す行為であり財源にはなりえません。お金が消える？　皆さん不思議に思うでしょう。私もこのことを知ったのはここ数年前ですが、これは事実です。お金の正体を知れば納得できます。これは後から少し突っ込んで話をしたいと思います。予算の付け替えも議論しているようですが、デフレ状況の今の日本で、こっちを増やすからこっちを減らすことなどできないはずです。増税などとんでもない話です。国債で賄うのが当然なのです。政府が日銀を通してお金を「無」から創り出して支出するということは、全体的に賃金を底上げすることにつながります。なぜならそのお金は必ずGDP（国内総生産）を押し上げるからです。GDPが増えることを経済成長といいます。どうやらこの当たり前のことをできない理由も「財政破綻する!」というウソからきているようです。

GDP（国内総生産）について

多くの方々は、GDP（国内総生産）を聞いたことがあるはずです。でも、漠然となん

図⑧

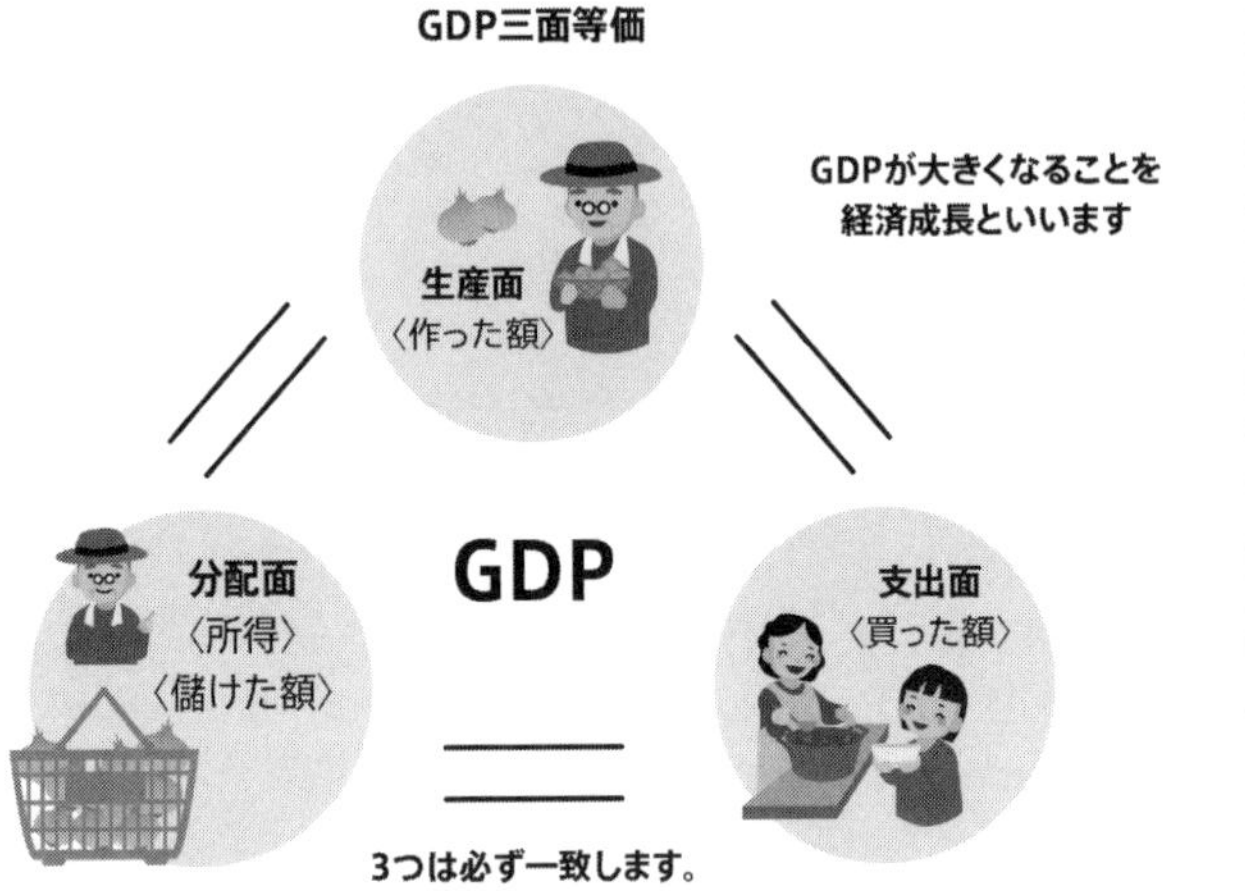
GDP三面等価
GDPが大きくなることを
経済成長といいます
生産面
〈作った額〉
分配面
〈所得〉
〈儲けた額〉
GDP
支出面
〈買った額〉
3つは必ず一致します。

となく知ってはいるけれども、これがなんなのかを説明できる人は意外と少ないようです。マクロ経済を語るうえでの基本なのでさらっと説明します。

簡単に言うと、GDPは国の経済規模を表しています。そして、経済成長の度合いを示しています。経済成長とは、国民の所得をすべて足したものが増えること、つまりGDPが増えることです。

例えば、ケーキを焼いたとして、ケーキが大きくなれば、各々に大きな一切れがいきわたります。小さいケーキは一人一人の取り分が小さいでしょう。

GDPは3つの方法で計算します。国の経済が1年間に新たに生み出したモノやサービスの合計（生産）であり、生産されたモノやサービスに支払われたすべての支出の合計であり、生産されたモノやサービスから得られたすべての所得の合計（分配）です。この生産・支出・所得のＧＤＰは必ず一致します。これをＧＤＰ三面等価の原則といいます。（図⑧参照）

この３通りの異なる面からＧＤＰをとらえていますが、これを式で表すと、

ＧＤＰ＝民間＋政府＋海外（輸出―輸入）となります。

民間（消費と企業の設備投資）政府（道路や橋などの公共事業、医療や福祉のための公共サービスなど）海外については、輸出が輸入よりも多ければプラスになります。つまり貿易黒字です。全部足すと国の経済において使われるお金つまり支出の合計になります。つまり誰かがお金を使えば、必ず誰かの所得になります。つまりこれは所得の合計にもなります。そして、所得は生産から分配されるので、この式は、国の経済が生み出したモノやサービスの価値つまり生産の合計も表しています。生産と支出と所得の３つのＧＤＰはくどいようですけど一致します。このＧＤＰ三面等価の原則を覚えておくと経済成長の意味も見えてきます。

経済活動を行う主体は、民間と政府と海外の３つだけです。日本の場合は内需が大きい

ので、海外は外して考えていいと思います。すると日本の場合、おもな経済主体が民間と政府になります。この2つが支えあって日本の経済が成り立ちます。政府はお金を発行する側で、民間はお金を使う側です。景気がいいときは、人々がいっぱいモノを買ってくれるので会社は活発に投資をして、いかに儲けるかを考え、新たに工場を建てたり、もっと性能のいい機械を導入したり、働く人を増やしたりします。これは賃金を押し上げるムードをつくります。とりあえず日本のような先進国では、インフレ率2~4%位が適正と言われています。しかし、景気が過熱すれば政府の出番です。増税を行ったり政府の支出を削ることによって、お金の流通を平常に戻します。また、日本銀行が金利を上げることによってお金を借りにくくし、投資意欲を削ぐのです。そうやって景気を冷まします。

不景気の時はどうでしょう。不景気の時は、私たちのモノやサービスを買う力がないときです。モノやサービスが売れなければ、会社は規模を縮小したり、工場を閉鎖したり、人件費をカットしたり解雇するかもしれません。そんな時は、国民がモノやサービスを買えるように減税したり、政府の支出を増やして公共事業を増やしたり、金利を低くして投資がしやすいような環境を整えます。そうして景気を回復させるために政府が働くこと、これが常道です。景気が悪いときは、民間は投資をしません。なぜなら儲からないからです。

日本は30年間経済成長をしてきませんでした。つまりGDPがほとんど横ばいだったのです。いったいなにが起きていたのでしょう。1997年以降経済成長がストップしています。しかも実質賃金が15％減少し、可処分所得（私たちが使えるお金の額）も減り続けています。ようするに貧乏になっているのです。こんな国は内乱が起こっている国を除けば日本だけです。断言します!!!　明らかな経済政策の失敗です。どうやら政府は大きなカンチガイからやるべき財政政策をしてこなかったようです。

ここにも「国の借金がー!!!」「財政破綻するー」の言葉が見え隠れしています。

GDPの大きさは、私たちの生活に大きな意味を持ちます。経済が成長すると貧困率が下がります。経済が成長すると健康にもよい影響を与えます。また、各々の賃金が上がるので教育にもお金をかけることができます。

日本は世界最低の経済成長率（ゼロ成長）をずっとキープしてきました。今や日本の子どもの7人に1人が貧困状態にあるといわれています。私たちは、日本はもはや成長しないと思い込まされてきました。そんなことはありません。政府がカンチガイしないであたりまえの財政政策をやれば確実に成長できます。これは足し算なのです

図⑨

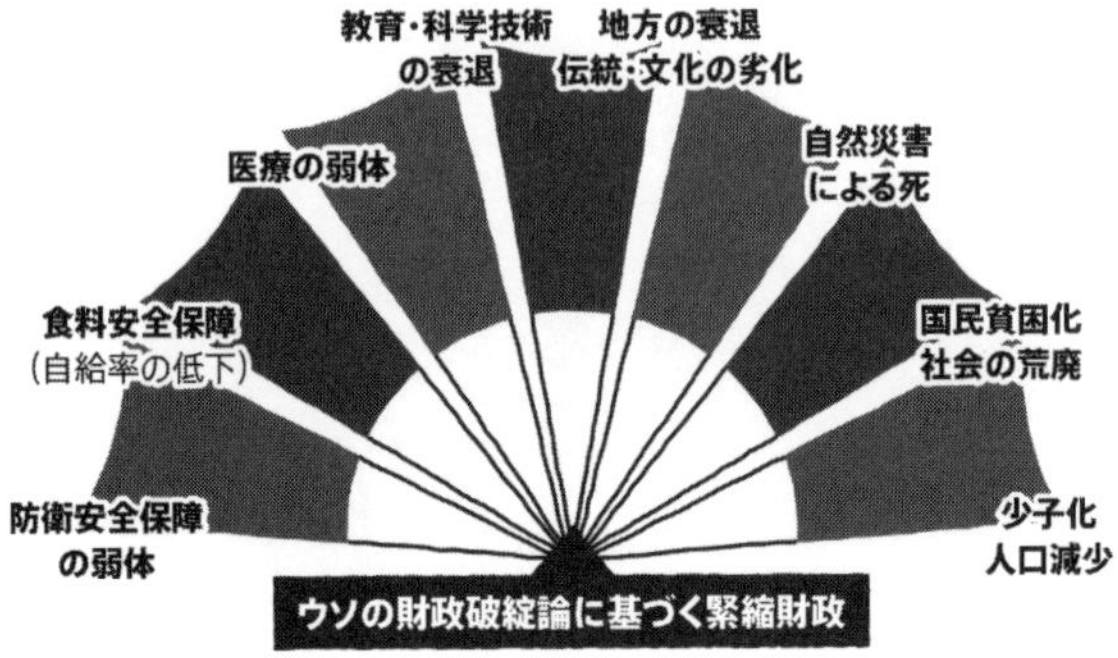
教育・科学技術の衰退
地方の衰退
伝統・文化の劣化
医療の弱体
自然災害による死
食料安全保障（自給率の低下）
国民貧困化
社会の荒廃
防衛安全保障の弱体
少子化
人口減少
ウソの財政破綻論に基づく緊縮財政

財務省がやってる？
たった1つの間違った経済政策がニッポンの安全安心を壊した！

たったひとつのまちがった政策が日本を消滅させる

過去30年間、日本では様々な問題が噴出し、このまま行ったら私たちは子々孫々の世代にどう言い訳するのでしょう。まず私たちは現実から目をそらさずに、起こっていることを真摯に見つめなければなりません。そして、なぜこのようなことになっているのか、そして解決するために必要なことは何か、考え実践しなければなりません。因果応報と言いますが、起こっている現象には必ず原因があります。

著名な経済評論家三橋貴明氏は、日本で起こってきたそして今も続いている悲惨な状況の根底にあるのは、「ウソの財政破綻論に基づく緊縮財政」であると喝破しています。そして多くの方々が事実を知り始めています。

日本政府は、ことあるごとに「財源がない」「国の借金がー！（政府の負債でしょ、政府の負債は国民の資産）」「財政破綻するー」と言って増税を繰り返し、予算をカットし、あげくのはてに私たちの生命や財産にかかわる安全保障分野においてもケチってきました。（図⑨参照）税金の役割は社会の安定のためにあるのに、税制を格差が拡大するような方向性に切り替えました。国力が衰えれば安全安心も崩れます。そしてそれは私たちの心をも蝕みます。でも実は、「お金が生まれるしくみ」を知ると夢と希望をもつことができます。な～んだ、こんなことだったんだと。

お金が生まれるしくみは「色即是空」みたい

お金は知れば知るほど本当に不思議な存在です。お金は私たちを幸福にできる反面、不幸に陥れることもあります。お金は経済を回す血液のようなものです。そして実体は「モノ」ではなく、私たちの欲求を数字で表した「情報」なのです。このことを信用貨幣論といい、現代において実際に行われているお金が生まれるしくみです。

令和3年度の輪王寺のテーマは「経寺悦民」（寺を治め民と悦びを分かち合う）としました。「経寺悦民」を実現するためには「経世済民」の実行が欠かせないとし、輪王寺に「正しいお金と経済のしくみを学ぶ」という部署を設置しました。自分だけが良くなっても、まわりが良くならなければ社会は良くならない、をモットーに活動しています。従業員といっても小所帯ですが、各人に簡単な本やマンガなどを渡し、読むように勧めています。

ある昼食時、輪王寺に勤める若和尚に、「本を読んでいるか？」と尋ねました。すると、「なかなかわかりづらいです」そして「般若心経に〝不増不減《ふぞうふげん》〟とあるじゃないですか。お金を〝不増不減〟と考えると、なんかお金のプールがあって、その範囲内でしかお金は使えませんよね」という。なるほどと思いました。彼の頭の中では、お金はどうしてもモノになってしまうのです。そして、お金の量に限界があると思ってしまうようです。確かに家計で考えるとそうなります。生まれてこの方、「お金」について考えたこともなければ、脳内に「お金＝モノである」とこびり付いてしまっているのです。私自身もそうでした。しかし、お金は約束事を数字で記した情報として捉えると、おもしろいことがわかります。数字は増えるけど、実体はなにも変わらない、なぜなら数字はデータだからです。約束事に実体はないのです。約束事は、大きくも小さくも無限に交わすことができます。だから「不増不減」なのです。私は彼の疑問によって閃きました。

般若心経の有名な文言に「色即是空」があります。色とは諸々の存在のことです。般若心経は、諸々の存在は即ち空であり、人々はそんなものに執着しないよう説きます。執着するから苦悩するのであって、そもそも存在自体が空なのだから、その必要もないと説きます。お金はそれ自体が「データ」で、約束事を数字で記した情報です。データに実体はありませんから、お金も「**色即是空**《しきそくぜくう》」なわけです。

そのように考えると、なんとなくお金に対する考え方が変わってくるのではないでしょうか。そして、約束事は人と人をつなげる役割を果たすわけですから、縁をつなげるということです。縁があるからお金が発生し、縁がなければお金は生まれません。お金は数字というデータであるという正しいお金の見方をすると、お金は縁結びであり「縁起」そのものなのです。仏の教えの根本にあるのは縁起の思想です。あらゆる存在は時間的空間的につながっていて、諸々の存在の相互作用によって世の中が成り立つという、自然の道理です。私たちの意思が社会を良くも悪くもしてしまう大きな要因となるのです。

お金は人間が発明した、社会にとって最も大きなしくみの一つです。その使い方によっては精神的物質的に豊かな世の中になりますが、お金のしくみについて間違えカンチガイしてしまうと、世の中が荒れてしまいます。日本政府や財務省、そして経済学者とマスコミは、お金と経済のしくみを理解せず、間違った政策を取り続け、政府支出をケチりつづけました。いわゆる緊縮財政です。そして消費税導入、度重なる増税により、日本は世界に類例のない長期のデフレーションに陥り、国力はひたすら凋落していきました。お金への無理解が日本国民の運命を変えてしまったのです。お金には実体がないのに、こんなに世の中を変えてしまう力があるのです。

「お金は国家の意思そのもの」

壱万円札は、日本銀行が発行した借用証書です。表面には福沢諭吉とともに「日本銀行券」と印刷されています。私たちはそれを利用する債権者です。

よく財務省やマスコミが政府の負債のことを「国の借金」と言い、「国民一人あたりウン百万円になる」と恒例行事の如く喧伝していますが、全く逆です。そもそも表現自体がまったくの間違いです。政府の負債は国民の資産です。経済活動には必ず貸借関係で成り立っています。私たちは生活する上で必ずなんらかの形で消費をしています。何かを買う際に、必ず私たちの意思が反映されて支払いをします。世の中が便利になり、最近では何かモノを買うときにインターネットを利用する人が増えました。例えば、私がもっと勉強をしたくて本を買うとします。支払いのボタンをクリックするだけで、私の預金からお金のデータが売り手に移動し、売り手の情報としての現金預金が増えます。売り手は入金を確認し、私たちの手元に本を届けます。つまり、私の意思が数字という情報として売り手に移動するだけで、売買が成立します。金本位制ではない現代は、情報がお金の本質といえるでしょう。そして、お金は売り手の意思と買い手の意思を精算するための約束事を確認し合う情報として、存在します。

国家について考えてみましょう。我々が選んだ政治家が予算を審議して執行するとき、国債を発行してお金をつくります。それがお金となって、１００％民間に出回ります。ということは、政府がどのような国家にしたいのかを決めてお金を発行するということです。お金は国家の意思を数字に反映させて発行されます。「お金は国家の意思そのもの」といえるのではないでしょうか。（図⑩参照）

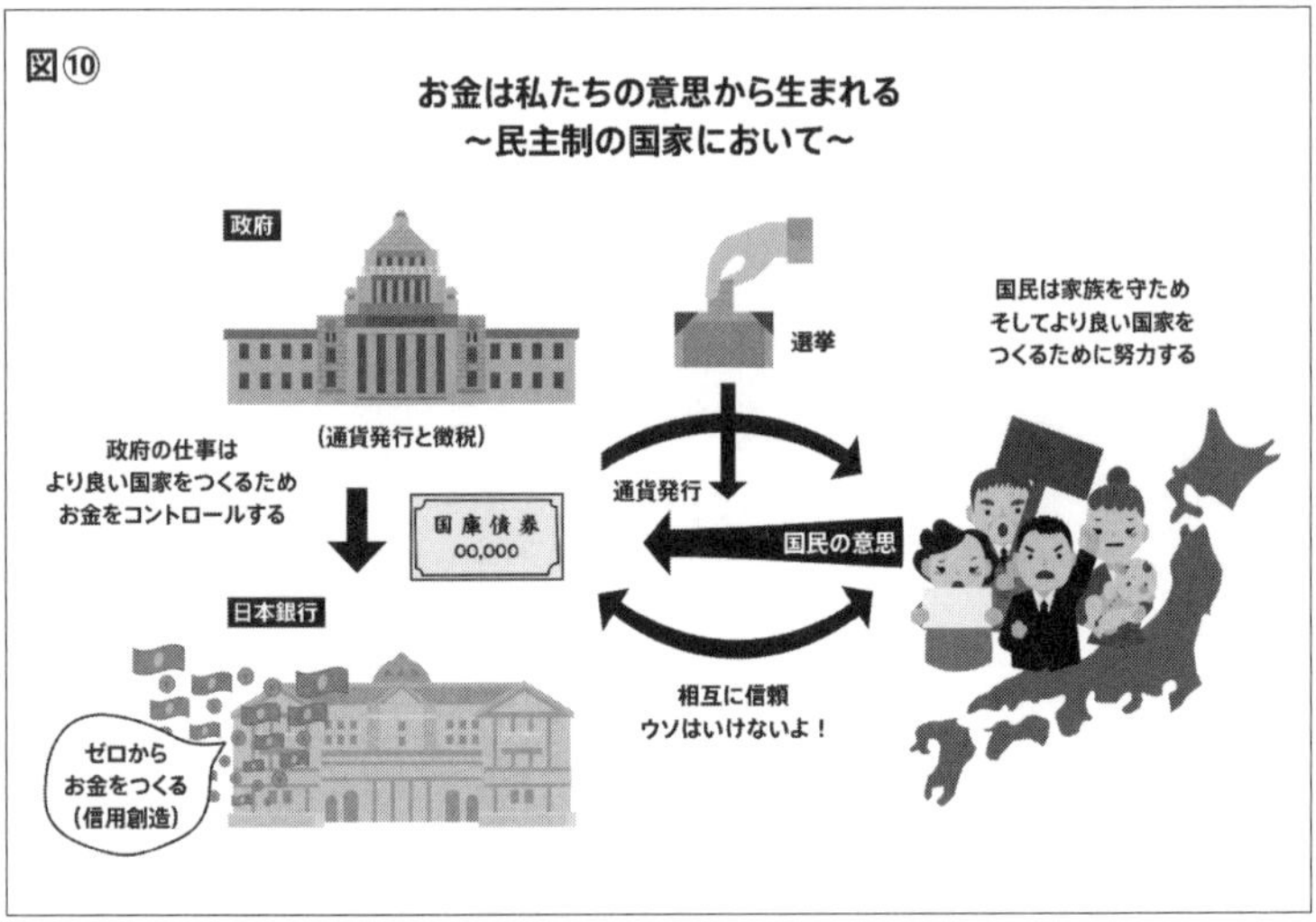
図⑩
お金は私たちの意思から生まれる
〜民主制の国家において〜
政府
(通貨発行と徴税)
政府の仕事は
より良い国家をつくるため
お金をコントロールする
国庫債券
00,000
日本銀行
ゼロから
お金をつくる
(信用創造)
選挙
通貨発行
国民の意思
相互に信頼
ウソはいけないよ！
国民は家族を守るため
そしてより良い国家を
つくるために努力する

例えば、地方を繁栄させたければ、もちろん地方にお金を回そうとするでしょう。災害から国民を救いたければ、国土強靱化のためにお金を出すでしょう。子供たちの未来を考えるのであれば、教育に投資するでしょう。日本を技術立国にしたければ、科学技術に投資するでしょう。隣国が脅威になってくれば、国民を守るために防衛にお金を使うでしょう。介護が大切と思う意思があれば、介護報酬を増やすでしょう。国民の生命が大切と考えるなら、保健所や公立病院を増やすため予算を費やし、いざという時に備えるはずです。環境が大切と思えば、木を植える活動にもお金を回すでしょう。

しかし、政府は税収が足りないからと言って、予算を減らしてきました。税金は財源ではありません。国債発行こそが財源なのです。お金の流れがそのようになっています。過去30数年間、日本政府はカンチガイから予算を削ることばかり考えてきました。政府が発行するお金を国家の意思そのものと考えるならば、国家としての意思すら欠如してしまっていたといえるのです。

政府には「通貨発行権」があり、その権限を行使すれば、いくらでもお金を創り出すことができます。もちろん制約はあり、限界があるのは私たち働き手の能力であり、お金ではありません。政府は子会社の日本銀行を使ってお金を創り出すことができます。そして、政府の意思、つまり国家国民の求めるところを全部実現することができるのです。

政府が私たちの生活が安定する程度にお金を発行して、私たちがそれを受けて真面目に働き、さらにお金が回って景気が良くなると、企業が私たちの消費意欲に負けまいと、工場を建てたり、人を雇ったり、設備投資にお金を使います。その時に銀行からお金を借りるでしょう。銀行はお金を「無」から創り出します。私たちの通帳に記帳するだけで「無」からお金を創り出します。お金を「無」から創り出すことができるのは、政府と銀行だけです。誰かが銀行からお金を借りるとお金は「無」から誕生し、誰かがお金を返したとき、お金は消えます。不思議に感じるかもしれないけれど本当です。お金は私たちが取り交わす「約束」であり、私たちの意思で流れる変幻自在です。欲がいっぱい絡めば世の中を悪くするし、おかげ様の心で利他の精神で流れれば、きっと未来は明るいのです。お金は「色即是空」そのものなのですね。

閑話休題「高橋是清」

昭和恐慌（1930～1931年）を財政拡大により収束させた日本のケインズと言われる高橋是清（1854年～1936年）は、随想録「所謂緊縮財政に就いて」で、こんなことを述べているので引用します。

緊縮という問題を論ずるに当たっては、先ず国の経済と個人経済との区別を明らかにせねばならぬ。例えば茲に一年五万円の生活をする余力のある人が、倹約して三万円を以て生活し、あと二万円はこれを貯蓄する事とすれば、その人の個人経済は、毎年それだけ蓄財が増えていって誠に結構なことであるが、これを国の経済の上から見る時は、その倹約に依って、これまでその人が消費して居った二万円だけは、どこかに物資の需要が減る訳であって、国家の生産力はそれだけ低下する事となる。故に国の経済より見れば、五万円の生活をする余裕ある人には、それだけの生活をして貰った方がよいのである。

更に一層砕けて言うならば、仮にある人が待合に行って、芸者を招んだり、贅沢な料理を食べたりして二千円を費消したとする。これは風紀道徳の上から云えば、さうした使い方をして貰いたくはないけれども、仮に使ったとして、この使われた金はどういう風に散らばって行くかといふのに、料理代となった部分は料理人等の給料の一部分となり、又料理に使われた魚類、肉類、野菜類、調味品等の代価及びそれ等の運搬費並びに商人の稼ぎ料として支払われる。この分は、即ちそれだけ、農業者、漁業者その他の生産業者の懐を潤すものである。而してこれらの代金を受取たる農業者や、漁業者、商人等は、それを以て各自の衣食住その他の費用に充てる。それから芸者代として支払われた金は、その一部は芸者の手に渡って、食料、納税、衣服、化粧品、その他の代償として支出せられる。即ち今この人が待合へ行くことを止めて、二千円を節約したとすれば、この人個人にとりては二千円の貯蓄が

高橋是清

出来、銀行の預金が増えるであろうが、その金の効果は二千円を出でない。しかるに、この人が待合で使ったとすれば、その金は転々して、農、工、商、漁業者等の手に移り、それが又諸般産業の上に、二十倍にも三十倍にもなって働く。故に、個人経済から云えば、二千円の節約をする事は、その人にとって、誠に結構であるが、国の経済から云えば、同一の金が二十倍にも三十倍にもなって働くのであるから、むしろその方が望ましいわけである。ここが個人経済と、国の経済との異なって居るところである。

不景気に、企業や家計が各々節約することは経済的合理性から見れば当然な判断です。しかし、全体で見ると需要を減らすため、不況からの脱出はできません。個々にとっては合理的な判断であっても全体で見れば不合理であることを「合成の誤謬《ごびゅう》」といいます。そのように考えると、需要が足りないデフレ不況時にリスクをとらないで需要を創ることができるのは、お金を刷ることができる政府しかあり得ません。

しかし、今まで間違った経済理論に縛られて十分な国債発行（通貨発行）をせず、需要を創出することを怠ってきました。その結果が30年間続くデフレ不況なのです。

第3章

そもそも経済学って？

第3章　そもそも経済学って？

リーマンショックの3倍も国債を発行した。でっ？

政府の２０２０年度の一般会計歳出は、３度の補正予算編成に伴い総額１７５兆円超と空前の規模に膨らみました。20年度の国債発行額は、前年度の３倍超の１１２兆５５３９億円に達します。赤字国債だけで約90兆円と、例年の一般会計の予算総額に迫る水準です。しかし、この通常の3倍超におよぶ国債発行によって、今まで財務省や経済学者、増税を主張する政治家やマスコミが主張してきたなにか悪いことが起こったのでしょうか？　なんにも起こっていないでしょう!!!　今こそ私たちは現代のお金のシステムを知ることによって事実をきちんと見極めなければなりません。

コロナパンデミックにより緊急事態宣言が発令され、国民は消費活動を自粛したため、景気が一気に冷え込みました。経済は、誰かに何かを買って貰って成り立ちます。ところが今回、コロナによって消費が一気に消えてしまいました。そうすると、いかに良いモノを作っても売れないのです。主流派経済学によると、モノは作ったら売れる、作ったら売れるからいかに効率よく作るかが問題でした。そして、効率さえ良くなれば経済は良くなると考えてきました。しかし、現実にはそのようになっていません。ようするに需要が先なのです。買う人がいなければ企業は当然投資を控えます。私たちもこのコロナショックで家から出ることすらおぼつかないので、買い控えをしました。そこでＧＤＰ（国内総生産）の４分の１を占める政府の財政出動が必要になりました。これが通貨発行権を持つ主権国家の政府ができることなのです。

過去30数年間、日本は供給サイド（モノやサービスをつくって売る）からの考え方に縛られ、ＧＤＰ（国内総生産）の約４分の１を占める政府の支出を財政健全化目標のために出し渋り、経済政策を間違い続けてきました。その結果、経済は全く成長できず、国民の実質賃金は全体で15％も下がり、多くの中産階級が貧困化してしまいました。そもそも本当に財政健全化が必要であるのか、私たちはそこから何故かを考えなければならないはずです。

一連のコロナショックにより、政府は政府負債（マスコミはこれを国の借金と言い換えていますが、そもそも言葉の定義すら間違えています）の約１割の大規模な赤字国債を発行しました。でもなにも悪いことは起きていません。そして第一次補正予算で、政府が新規国債13兆円を発行し、国民一人当たり10万円を給付した結果、私たちの「純資産」（預金残高）は増えました。これが事実なのです。つまり、政府の国債発行は、政府の純負債を増やす行為ではあるけれども、国民の預貯金を増やすことである事がわかります。今まで財務省や経済学者やマスコミは、「財政拡大をするとインフレになる！　円の信任がなくなり国債金利が上昇して財政破綻（国家デフォルト）する！」と言ってきました。しかし何も悪いことは起きていません。正しい経済の視点から見ると当たり前のことなのです。インフレやデフレが起きる原因は、需要と供給のバランスで決まります。現状は、私たち日本国民が持っている、働いてモノやサービスをつくる能力よりも、私たちのモノやサービスを買う力がはるかに下回る超デフレ状態なのです。モノやサービスが売れない状況では、企業も家計も投資しません。なぜなら儲からないからです。こんな時に投資をできるのはお金をつくることのできる政府のみです。ようするに財政拡大（国債発行）による投資によって経済を刺激するしか解決方法はないのです。しかし、間違った経済理論による財政破綻論に踊らされ、需要創出をしてきませんでした。コロナショックにより政府は渋々財政拡大を行っていますが、なにも悪いことが起こっていません。政治家も国民も皆この事実に注目すべきです。

日本をよくするために国民の買う力を底上げしたいのであれば、まず消費税を廃止すべきでしょう。消費増税は日本経済を壊してきました。消費税が上がると買える物が少なくなり、購買力が縮小して経済が冷え込みます。なぜなら消費税は消費するたびに取られる罰金とも言える税制だからです。経済は需要が先です。経済の裾野が広がらなければ、民間企業は投資もしないし生産性の向上はないのです。生産性の向上をしたいのであれば、まず私たちがモノやサービスを買う力を増やすことが大切です。コロナショックに対する経済効果を考えるならば、まず消費税の廃止が始めに来なければならないでしょう。

教科書がまちがっている？

倫理・政治・経済の受験用参考書に「国債は借金だから、将来の負担になることはわかりきっている。国債発行は、将来の国民が負担することになり、経済成長による税収増がなければ、増税が必要になる。さらにクラウディングアウト効果という問題がある。一般企業が資金調達のために銀行から資金を借り入れようとしても、銀行は国債を買ってしまっているので貸出資金がなくなっている。国債発行は、財政内部の問題にとどまらず、一般企業にも悪影響を与える面があるのだ」とあります。これは全く間違っています。現実に行われている通貨発行の仕組もお金の流れも見ていません。

それでは事実として、国債の償還はどうやっているのでしょうか？

国債は償還期限が来たら、新しい国債を発行して交換しているだけです。つまり返済をしていません。利息だけを払っています。事実として将来に負担は一切まわしていません。だから国債発行残高が減らないのです。財政再建のために国債残高を減らすと言うことは、我々から増税によって吸い上げることによって国債残高を減らすということです。実施されれば、市中に廻っているお金の量が減り、社会全体が貧しくなりますし、少ない量のお金を奪い合うため格差が拡大します。

実際に政府は過去30数年間、財政再建論に基づく経済政策を行ってきたため、日本は全く経済成長ができず貧困化してしまったのです。それから、銀行が国債を買っている原資は、私たちが預けた預金（銀行にとっては負債）ではありません。決済用の資金として日本銀行の当座預金に預けるのですが、預けていても利息が付かないから、一番安定している国債を買っているのです。

つまり、日銀当座預金から国債に振り替えているだけなのです。貸し出すためのお金は、書くことによって「無」からお金を生み出す信用創造で賄っています。私たちの預金を取り崩してお金を貸しているわけではありません。つまり、教科書に載っている、政府の国債発行の拡大が金利上昇を招き、企業の投資が減少するため、経済成長が阻害されるというクラウディングアウト理論も全く成り立ちません。間違いが経済学の教科書に書かれていることが問題なのです。

私たちは、国民が税金を納めて、国家がその税金を運用して公共のサービスを提供する、と信じています。実際教科書にもそう書いてあります。しかし現実は真逆なのです。先ず政府が国家戦略にもとづき国民のモノやサービスを生産する能力を信頼して、その能力の範囲内（インフレ率で判断できます。日本の場合2～4％位が適正と言われています）でお金を発行し支出します。国民はお金を利用し流通させて、一生懸命働いて稼いで、そこから政府は社会の安定（格差拡大の是正）や物価の安定などのために税金を徴収する、我々は渋々ながらも政府を信頼し納税します。まず貨幣発行が先なのです。実際に政府は国民からの徴税の前に支出しています。これが事実なのです。

しかしカンチガイから、徴税が先という先入観からか、お金が足りないといってこの30年間増税を繰り返してきました!!!　こんな事をやっていたから、民間がいくら頑張っても世の中に回っているお金が減るため、日本経済は疲弊し、弱い立場の国民はどんどん貧乏になり格差が拡大しました。国民の貧困化は、国民の自己責任といえる問題ではないのです。政（まつりごと）を司る方々のカンチガイから来ているのです。自国通貨建て国債を発行（通貨発行）できる主権国家の財政は「家計簿ではない」のです。しかも100％財政破綻（国家デフォルト）はしません。**税金は財源ではありません。国債発行こそが財源です。**

正しいお金の流れを知ると、世の中のことがはっきりと見えてきます。教科書は、主流といわれる経済学者の教えからきています。それでは次になぜ経済学者はこんなにも経済政策をまちがえてしまうのかみていきましょう。

なぜ経済学者は経済政策をまちがえるのか

私は和尚であり、もちろん経済についてそれなりに勉強をしましたが、基本的に素人です。そのような私が、なぜ財務省お抱えの御用経済学者の偉い先生方が間違っていると断言できるのかをお話しします。

経済学とはどのような学問なのでしょう。経済学を身につけている経済学者や経済評論家、経済ジャーナリストなど、立派な肩書きを持つ方々が多くいます。有名大学の教授であるとか経済財政諮問会議のメンバーであるとか、一般人から考えればすごい方々であると思うでしょう。でも、本当にそうでしょうか？　もしその経済学者さん達がすごく優秀なのであれば、その優秀な考えにもとづいて正しい経済対策が実行されて、とっくの昔に日本経済が良くなっていなければならないはずです。しかし実態をみてみると、過去30年間にわたって日本経済はどんどん衰退しているのが現実なのです。

経済学には合理主義に基づいた主流派経済学と、ポストケインジアンといわれ、世界恐慌の際にニューディール政策を行い、積極財政によって難局を克服したジョン・メイナード・ケインズの流れを汲む経済学は大きく分けて2つがあります。世界は１９７０年代の石油ショック以来、主流派経済学の教えに従い経済政策が打たれてきました。しかし、２００８年のリーマンショックを経て、この主流派経済学の正しさに疑念が生まれてきたのです。そのような中、２０１９年8月に「ＭＭＴ現代貨幣理論入門」が日本で発刊され、経済学界に一大センセーションを巻き起こしました。まさに経済学のコペルニクス的転回です。天動説と地動説ほどの逆の考え方なのです。日本の主流と言われる経済学者達は、ひたすら、「国債を発行しすぎると財政破綻するー」「金利が急騰するー」「ハイパーインフレになる」と主張していました。しかし、コロナショックの際に日本政府はリーマンショック時の約3倍の国債を発行しましたが、主流派経済学者や財務省、経済評論家が予測し言っていた悪い状況は何も起こっていません。本来であれば、なぜ今まで主張してきたことが起こらないのかを真摯に検証しなければならないのに、彼らはそれすらしない非知性的な姿勢を今でも取り続けています。

お金は経済を動かす最も大切で大きな存在です。しかし、現在私たちが使用しているお金が何であるかを、主流派といわれる経済学者は説明できません。そして、いまだに金本位制であることを前提に経済学を成り立たせています。1971年、ニクソンショックにより金本位制が終わり、現在に至ります。もはや金銀とは交換できないお金が使われています。これを不換紙幣と言います。にもかかわらず、主流派経済学は、アダム・スミス（1723-1790）古典派経済学の系統を綿々と引き継ぎ改良しながら現在に至ります。当時は金銀を担保にお金を発行していましたし、生産力が社会にあまりないので、物を作れば必ず売れる時代であり、インフレの心配だけをしていればよかったのです。そのような背景から、供給すれば必ず需要があるという一般均衡論が生まれました。この理論にはデフレ、つまりモノやサービスをつくっても売れないという概念がないのです。つまりデフレの概念がないのです。そのような経済学から正しいデフレ対策が打てるはずがありません。そして彼らはいまだに金本位制を前提にして経済学を続けています。彼らの頭の中では、どうしてもお金の量には限界があると思い込んでしまうようです。

しかし、現代のお金には限界はありません。現代のお金は管理通貨制度によって発行されていて、お金を創り出す量の制約の意味が昔とは全く変わってしまいました。そして、現代のお金は信用によって成り立つ約束事という情報です。このことを主流派経済学者は理解していません。感染症の専門家が患者を治療する際に、ウイルスのことを熟知しなければなりません。しかし経済学者の多くが経済の基本であるお金の定義を根本的に間違えているのです。ウイルスの定義を根本的に間違えた感染症の専門家が感染症患者を治療しているようなものです。

現在は金本位制ではありません。経済素人の私ですが、その部分だけからも、この主流派経済学が間違いであることを断言できます。すべての学問は、根本を間違えればその過程がどうであれ、結果も間違えてしまいます。日本政府が過去30年間行ってきた経済政策の結果を見れば明らかです。散々たることがわかります。何しろ政府はお金の定義を間違えた経済学をもとに、デフレ期に一生懸命インフレ対策を行い、デフレをさらに深刻化させ国民を貧困化させ苦しめているのですから。

そして、お金という経済の根本を理解しない主流派経済学は、現実を見ずに理論が先行していることがわかります。机上の空論なのです。

現実をみない経済学と現実をみる経済学

学問には、合理的な解釈のみを認める合理主義と、現場で起こっている事実をもとにして理論を組み立てていく実用主義の2通りがあります。

主流派経済学は、理論が主で実践が従という関係にあり合理主義です。つまり、経済学と経済政策について言えば、経済学者が構築した理論が先にあり、その理論に従って経済政策が行われなければならないとしています。つまり、私たちが日常行っている現実の経済活動は主流派経済学者の理論の中に当てはまらなければならず、結果が思うようにならなければ私たちの活動が間違っていることになります。理論は彼らにとって動かすことのできない真理なのであり、学問の定義に現実をあてはめ、現実をすべて囲んでしまうので

す。（図⑪参照）

私たち日常生活は、ほとんどの場合、モノやサービスを売ったり買ったりする経済活動によって成り立っています。その活動は意識しないで行われ、時々合理的な判断をしますが、大半は気分や習慣、感情に流され、時にはギャンブル的なこともしてしまいます。なにしろ人間なのですから。

これに対して実用主義は、理論はあくまで仮説に過ぎず、現実の観察や理論の実践を通して、理論を検証します。現実に理論が合わなければ理論を修正します。

このような作業をしながら、現実についての知見を深めていきます。この場合「理論」とは、動かせない真理ではなく、あくまでも事実を検証するための「道具」なのです。経済学について言えば、ある経済理論に基づき、経済政策が実施されます。思うような結果が得られなければ、現実に合わせてさらに理論を修正し、また新たな理論を構築して新たな施策を実行します。その繰り返す「実践」が経済政策なのです。

この場合、経済理論は、現実の経済を検証するためのあくまでも「道具」であり、経済政策全体の中の一部ということになります。（図⑪参照）

図⑪

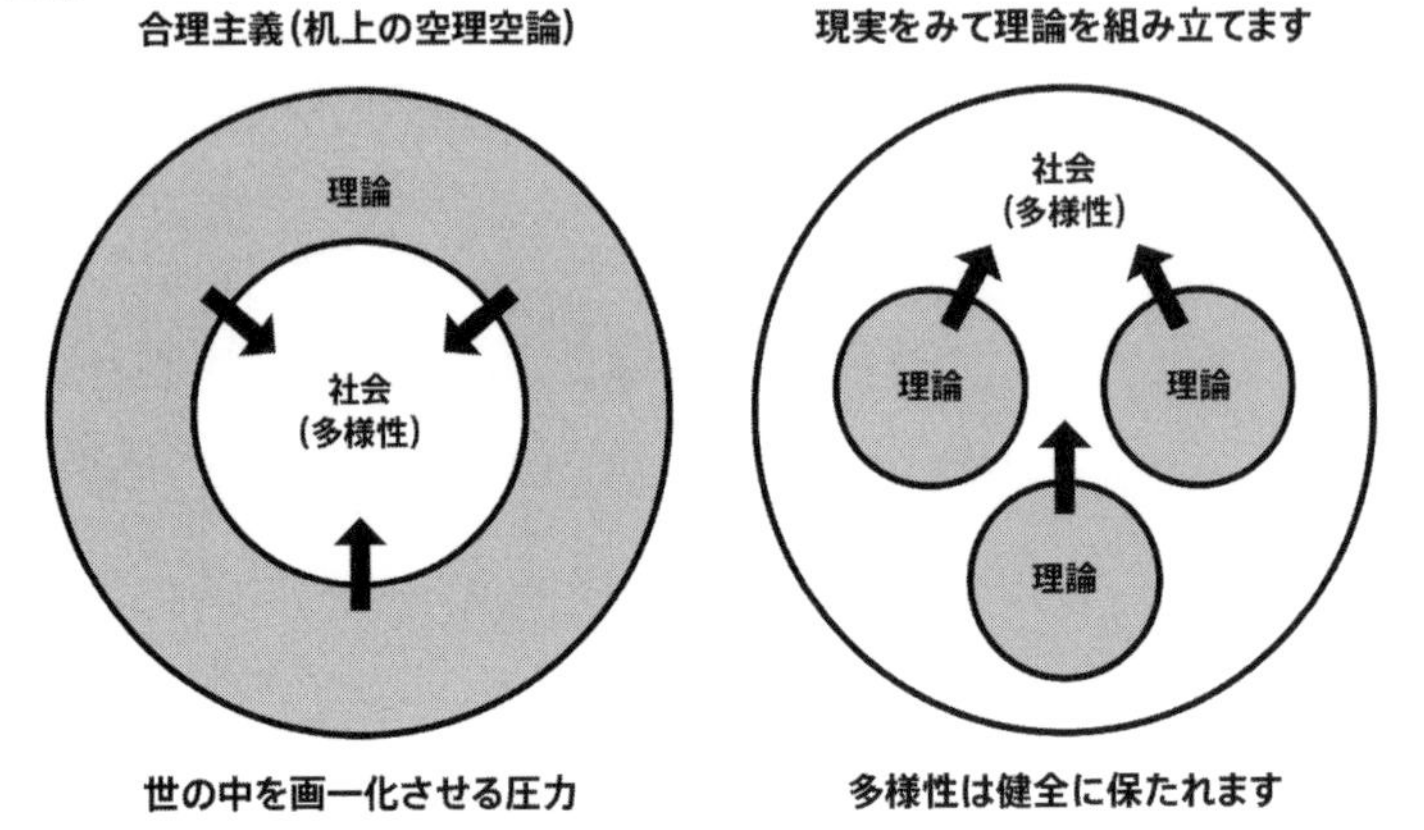
合理主義（机上の空理空論）
理論
社会
（多様性）
世の中を画一化させる圧力
現実をみて理論を組み立てます
社会
（多様性）
理論
理論
理論
多様性は健全に保たれます

現実をみて国家運営をしてください!!!

いわゆる主流派経済学の考え方は、人間をみんなと同じと捉えます。すなわち一個人というものが、すべて社会で経済的合理性のもとで同じ行動をとることを前提としています。私たちが住む社会は、いろいろな人がいて成り立っています。私たちは心も体もお互いに結びついていて、それぞれが違った役割を果たしながら生きています。地域によって歴史や伝統文化も違い、それらの共同体に属する人々の人間性も変わってきます。それらを一緒くたにして数学で表現することなど、とうてい無理な話でしょう。失業者についても、主流派経済学では社会の影響による失業者を認めません。不況になっても失業者がいないのです。現実には、此度のコロナショックによって、働きたくとも働けない人々が大勢いるじゃありませんか。

いわゆる主流派経済学者は、実際に起こっている失業問題などの現象は排除しながら理論を構築します。それを私たちが住む世の中にあてはめ、無意識であるとは思いますが、私たちの人間性すら変える圧力を掛けます。これでは社会にゆがみが生じるのも当然なのです。そしてこの合理主義的な考え方は、世の中を画一化の方向に持っていくでしょう。なぜなら効率（彼らにとっての効率は刹那的な価格競争力）の悪いことは人間も含めてすべて排除するのですから。常に確実性を求める彼らからすれば、余裕や自由すら効率の悪いことなのです。地方の衰退も中小企業の倒産も歴史も伝統文化も安全保障も教育も科学技術も国土強靭化も公共事業も医療も福祉も、不確実であるが故に彼らの理論にあてはまらないのでしょう。そのように考えると、過去30数年間これらの大切な予算がどんどん削られていった理由がわかります。この考え方は、政治エリートにとっては単純で都合が良いようです。なにしろ人間や自然ですらも、彼らにとってすべて一緒なのですから。そして、この考え方によると個性も邪魔になるので、私たちの自由や人権、民主制度を抑圧する方向に進みます。

あたりまえですが、世の中は不確実です。一人一人が各々個性を持っており、行動様式もさまざまです。歴史や伝統文化もその地域によって異なり、人も10人いれば全員違います。多様性こそが社会のダイナミズムであり、そのような社会こそが持続可能で健全なのです。

事実をみて社会を判断する学問では、ひとつの共同体は多様な個々人のつながりによって形成され、個々人はその共同体によって影響を受けながら、自らも共同体に影響を与えて成り立つと考えます。経済政策でも、個々が尊重され、個々がランダムに自由に行動するため、政策はその時代背景や状況によって変わらざるを得ず、柔軟に対応する必要が生じます。歴史や伝統文化、そして言語が国家の基盤にあります。それらを守るためには、現実をしっかり把握して柔軟に政策立案をしなければなりません。

植物生態学者の宮脇昭先生は、よく現地の植生調査をするときに、「現場、現場、現場!!! 先ずよく観て、触れて、においを嗅いで、土を舐めて確かめる。人間が持つ五感をフルに活用すれば、自然の微かなヒントが私たちにいろいろなことを教えてくれる」と言われました。徹底した現場主義です。自然も人間社会も不確実です。不確実であることが確実なのです。私たちは、泥臭いけれども、現実をしっかり把握して「経世済民」を目指すべきなのではないでしょうか。世の中に関わる学問という尺度からみると、世の中が不確実であるが故に、学問は現実をしっかりと見極めて行われなければなりません。理論は現実の追求から導き出されるべき道具であり、現実が理論にあてはめられるものではないのです。机上の空論と化した合理主義を経済政策に用いるべきではありません。

主流派と言われる経済学がなぜ経済政策を間違えるのか？　先ず経済の一番根本にある**「お金の本質」を間違えている**こと、そして現代資本主義を理解せずに自分たちの誤った理屈に固執し、**現実を観ていない**ことが原因なのです。

政府の負債は通貨発行なので返済不要です。実際に返してしまったら私たち国民はド貧乏になってしまいます。なぜなら政府の負債は国民の資産だからです。そもそも政府は自分でお金を「無」から創り出すことができるので、返済不能による財政破綻（国家デフォルト）はありえないし存在しません。金利も日本円である以上、どれだけ膨れ上がっても日本銀行が買い取ればいいだけの話だし、日本銀行の収益の大半は政府に国庫納付金として戻ってきています。これが事実です。

問題にならなければならないのは、現実に行われている経済活動の状態です。その時の需要と供給の関係がどのようになっているのか、景気が過熱しすぎて需要過多になりインフレ率が膨れ上がりすぎれば、金利を上げたり財政支出を抑えたり増税することによって景気を冷ませばよいのです。需要が足りなければデフレになるので、金利を下げて企業がお金を借りやすくしたり、財政支出によって需要を増やし景気に刺激を与えたり、減税して私たちがモノやサービスを買う力の手助けをすればいいのです。ようするに社会の状況に合わせて足し算と引き算をするだけです。

こんな当たり前のことをなぜ主流派経済学者は理解できないのか、私も不思議に思っていました。しかし、一流大学の教授でさえも理解できない先生が多いのです。彼らの頭の中は難しい数式で埋め尽くされているのでしょうが、単純な簿記を理解していなかったのです。でも普通の国民からすれば、まさか偉い先生が間違えるはずはないと思ってしまうのも当然といえば当然です。私のような和尚の言うことよりも、経済学の先生のほうが正しいと思ってしまうのも、常識的に考えれば自然です。しかし彼らはあまりにも専門性が高いために自分の専門分野にのみ集中してしまい、まわりのことは見えていないようなのです。いわゆる「学者バカ」と言ってもいいでしょう。

私たちは、一般常識や違う専門分野のことは事実であっても知らないことが往々にしてあります。ましてや彼らの研究とは全く分野外の銀行の実務なんかは全く知らないようです。銀行は資本主義社会において重要な役割を果たしています。銀行の「信用創造」という「無」からお金を創り出す仕組みがなければ、今のような便利な世の中にはなっていないのです。そして決定的なのは、経済学者は「簿記」の知識はもっていないことです。なぜなら「簿記」は実務であり「経済学」とは別物だからです。まさに灯台下暗しなのです。

経済学者は、まちがった前提の上に成り立ってきた「経済学」において、今さら間違いでしたとは言えないのでしょう。前提が間違っていれば、実際の現実社会には何の役にも立たないどころか、国民生活に害悪を及ぼしているのです。だけど専門性の高い高名な学者であればあるほど、後戻りできないのも理解できます。また、現実の社会とご自分がなさっている経済学が食い違っていることすら理解していない可能性が高いのです。

私自身和尚をやっていますが、自分の行動がすべて正しいなどとは思っていません。酒も飲むし、きれいな女性を見れば心がときめきます。人間ですから。宮脇先生はよくおっしゃっていました。「何事もすべて思い通りいくことはない。三歩前進一歩後退、これが人間ですよ」そして、「まずはやってみる、間違えたらやり直す。官僚はどうしても完璧をもとめて結局何もしない、これでは世の中よくなるはずがない」

私たちは、「エリートは間違えるはずがない」と決めつけて思考停止するのではなく、みんなしょせん凡夫だと考えるべきです。誰だって間違えるんだという柔軟な心をもって、寛容に慈悲心を持って間違えた方々を見てあげることが大切です。そして私たち自身も少しずつでも学び、勇気をもって正しいことは正しいと主張していくことが、日本を没落から救うことになるでしょう。

主流といわれる経済学は役に立たない

永年、シュンペーター（オーストリアの経済学者1883-1950）の研究に携わった青木泰樹氏は、著書『経済学とは何だろうか』（2012年）のまえがきで『**主流といわれる経済学は、現実の経済を分析する学問ではありません**』と最初に述べています。そして、主流派経済学者自身が、自分たちが主張する理論が現実を分析し得ないことを理解していないといいます。

この流派の経済学は、経済学を物理などの自然科学に近づけることを科学的と考え、数理モデルを重視します。確かに「物が上から落ちる」などの物理法則を分析するのであれば、それは成り立ちます。

しかし人間の経済活動は複雑で、思考や思想、感情や欲望すべてが絡み合いながらつながり、時代と共に変化します。それを数字で解き明かすこと自体が不可能なのです。そのうえ主流派経済学者は、資本主義経済前の前近代国家の系譜を引きずり、現代のお金の仕組みすら理解していません。このような経済学者が経済政策に関わっているので経済政策を間違えてしまうのも当たり前なのです。

主流派経済学者は、「市場原理主義」といって市場つまりマーケットの自由に任せていればすべてを解決できると思い込んでいます。そこには投資や生産性の向上といった不確実な概念がありません。経済は不確実であるにもかかわらず、彼らは確実性を求めます。そして主流派経済学者は需要を見ずに、供給しか見ません。供給すれば必ず需要が生まれると思い込んでいます（セイの法則）。

デフレかインフレかは、需要と供給のバランスで決まります。本来であれば政府の意志で需要を創り出すことが出来るにもかかわらず、需要という考え方を取り入れてしまうと、彼らの「市場原理主義」という絶対的教えが崩れてしまいます。たったこれだけのことでデフレ脱却に大きな効果のある政府支出（有効需要）を増やさないという提言が主流派の経済学者からなされ、政府に大きな影響を与えてきたのです。

この主流と言われる現実を見ない経済学者たちは、増税することが財務省の省益であり、増税すると出世できる財務官僚のシステムにうまく合致します。となると財務官僚たちは世間から見れば偉いといわれる経済学者を利用して、ひたすら増税路線に突っ走っていったというのが事実でしょう。しかもまだこの路線は継続しています。ここ5年間くらい不思議に思っていたのですが、私もようやく確信しました。エリート集団の彼らは国民をみて仕事を行っていない。数字だけ、しかも政府債務のみ（彼らは「国の借金」と言い換えている）を見て、ひたすらマシーンとなって仕事をしています。しかも国の貸借対照表すらまともに見ていないようです。

政府の負債のみを見て、「これ以上国債発行（通貨発行）したら財政破綻する」「円の信認がなくなるー（円が紙くずになって使えなくなる意味）」と言って国民を脅してきました。「世の中は常に変化している」という常識から遠く離れ、経済は絶えずうごめく生き物であることを忘れ、デフレ不況にも関わらず、ひたすら多くの国民を苦しめる増税路線に邁進しています。でもよく考えてみれば彼らの頭の中では当然なのです。彼らは彼らの仕事に忠実であり、トップの意向に逆らえません。減税という文字は彼らの中には存在しないのです。

ここまで思考停止している経済学者や財務省に何が起こっているのでしょうか？「貨幣観」を間違えると、どうしても緊縮路線にはまってしまいます。そして国民を苦しめる。私には、かれらはものすごくかわいそうな存在に見えるのです。「貨幣観」を間違えてしまい、経済政策を間違え、人間性をも失ってしまうのですから。

おこづかい帳で国家を運営する政府

多くの皆さんは、「貨幣観」と聞いてもピンとこないと思います。でも、今こそ「正しい貨幣観」を身につけなければならない時はないのです。なぜなら過去30年間間違えた貨幣観にもとづいて国民から奪う政策が行われ、日本はどんどんと衰退し、国民が貧困化し、命を自ら断つ悲劇がどんどん増えたからです。

「貨幣観」とは、お金についての考え方であり二通りあります。

ひとつは、お金そのものに価値があるという考え方です。もうひとつの方は、お金自体に価値があるのではなく、お金は単に貸し借りを記録したものに過ぎない。という二つの考え方です。ほとんどの人は、前者のほうを信じていて、というよりも日常なにげなく使っていて、「お金ってなに？」などと考えたこともない、というのが本音でしょう。よく、「お金が欲しい」とか「お金が無い！」というとき、ほとんどの人は福沢諭吉の壱万円札を頭の中に描いています。これは、お金自体に価値があると信じ込んでいるからです。実際にお金は金銀などの貴金属と交換できた時代もありました。その国が金銀の量によってでしかお金を発行してはいけないという時代です。金の量には限りがあるので、当然つくられるお金の量にも限りがあります。お金自体に価値があり、しかもその量にも限りがあるとなったら何が起きるでしょう？　そして、それを求めて醜い奪い合いが起きます。国家間ではいつぞや戦争へと発展することさえありました。人類は何度もそんな経験を繰り返してきたのです。ここまで述べたことがお金についての考え方の一つで「**商品貨幣論**」といいます。

1971年にアメリカがドルと金の交換を停止して以来、お金には金や銀の裏付けがなくなりました。ここから「管理通貨制度」といって政府が自ら負債を背負う（国債の発行）ことによって、通貨を創り出すことができるようになりました。この場合、お金を「無」から創り出せる主体は、銀行と政府（厳密にいえば政府の子会社である日本銀行）になります。銀行は、民間会社や家計の需要があれば、その借り手の信用をチェックし大丈夫であれば、銀行自ら負債を負うことによってお金を「無」から創り出し、その数字を通帳に記帳するだけで貸し出します。このことを「信用創造」といいます。

日本政府は、同じように国内の需要、これは国民が安全安心に暮らせるように私たちの選んだ政治家が話し合いをして決める重要な事項です。そこに予算をつけて実行、つまりお金を使います。これも日本銀行が「無」からお金を創り出し支出します。担保は国民の仕事をする能力となりますが、ここで必要なのは互いの信用となります。その信用つまり貸し借りがお金を生み出すので「信用貨幣論」といいます。銀行制度が完備された現代は間違いなくこの「信用貨幣論」によって経済が成り立っています。ところが、政治を司る方々が現在実際に行われている「信用貨幣論」を理解せずに、「商品貨幣論」の頭で日本国を運営したらどうなるでしょう？　というか、実際にその頭で国を運営しているのです。

私たちの家計簿やおこづかい帳で考えるならば、収入があって、その範囲内でお金を使うことは当たり前です。家を購入したり、車のローンを組む場合でも月々ナンボ稼いで、20年後くらいには年収ナンボくらいになるから、このくらいは借りても大丈夫だろう。と予測して銀行から借金をしますし、また返済をしなければなりません。ここには予算の制約があります。会社も同じです。儲かりそうであれば投資をするし、不景気で儲からないとなれば投資をしません。なぜなら会社は倒産するリスクがあるからです。経営という視点で身近にお金をとらえると、どうしても日常から見えてくるのは「商品貨幣論」なのです。つまり私たちの使っているお金の量には限界があると思い込んでしまいます。実際私なんかも以前は「えっ？　お金って銀行員がタイプするだけで生まれる⁇　返済するとお金が消える⁇？　なんだ、こりゃ!!!」の世界でした。でもこれが現実なのです。現実のお金は貸し借りの関係が成立した時に生まれて、貸し借りの関係が終わったときに消える摩訶不思議な存在でした。そして、「信用創造」という現実にお金の生まれるしくみを理解していないと、現代の資本主義社会のしくみは理解できないのです。

話を戻しましょう。「商品貨幣論」の頭のことをこれからは「おこづかい帳の頭」と言い換えます。政府は明らかに「おこづかい帳の頭」で国家を運営しています。国家と私たち家計や民間企業の違いはなんでしょう？　民間企業は普通に債務不履行により倒産することがありますが、国家は、戦争が起こり他国に征服でもされない限り、永続します。そして、国家は「通貨発行権」と「徴税権」という絶対的な権限をもっています。国民はそれに逆らうことができません。通貨発行ができるということは、自分でお金をつくることができるということです。ここだけ見ても、「自分でお金をつくれるのに財政破綻するはずがない」ということがわかります。

「おこづかい帳の頭」で財政をみると、どうしても「財源がない！」「ここに１００万円増やしたから、あっちの予算は１００万円削るよ」となってしまいます。また、不景気で税収が下がれば「お金がないから増税だー」となり、国民側も「政府にお金がないなら子々孫々の代にツケを残してはいけない、増税もしかたがないかー」と納得してしまい、真面目な国民ほど、それを受け入れてしまうのです。政府の閣議決定である「プライマリーバランスの黒字化目標」もそうなのです。プライマリーバランスとは国や地方自治体などの基礎的財政収支のことをいいます。なにやらめんどうくさい言葉ですが、端的に言えば、税収の範囲内で国家を運営するということです。これも「おこづかい帳の頭」から来ています。そもそも税金はお金を消す行為であって、財源にはなりえません。

そして、国家の経済主体は政府と民間と輸出入で成り立っていますが、この３つを足すと必ず０になります。

政府（通貨をつくる）＋民間（通貨を利用）＋輸出入＝０

日本は内需大国であり、輸出入の全体に占める割合が低いので、政府（通貨をつくる）

＝民間（通貨を利用）とみていいのです。ということは、政府の黒字は民間の赤字となり、国民貧困化となるわけです。これらのことを続けてきた結果が日本国の凋落なのです。多くの政治家が貨幣観を封建時代のままになっていて、間違ったままでいるのです。まずは政治というまつりごとに携わる方々の「おこづかい帳の頭」が正されないことには、日本国の衰退に歯止めをかけ、未来への夢と希望をもつことはできません。ぜひ皆さん、少しずつでもいいですから、まずは気づき、国家経済においては「おこづかい帳頭」から離れてください。離れると世の中のしくみやいろいろな事実がはっきりと見えてきます。わかると本当に楽しいものですよ。

閑話休題　王様のカンチガイ

人口100人のヒノマル島の王様が自分の権限で、きれいな石を千個集めさせて1億円を発行しました。その時、王様の負債が1億円増えました。そして島の人々の懐に1億円が増えました。

ある時、頭のいい人が「お金ってなに？」を理解したのでしょう。銀行をつくり王様とタッグを組んで紙幣を刷って、もっとお金が島を回る方法を考え出したのです。

ある人は王様の命令に従い道路や橋や水道をつくり、ある人はお米や野菜やお肉をつくり、ある人は工場を建てて便利なモノをつくり、ある人はレストランやバーを経営し、ある人はお坊さんになってお寺をつくり仏の教えを広め、またある人は芸人になってみんなを楽しませました。みんなお互いに支え合いながら、お金もグルグル回り徐々に増え、楽しく豊かに生活していました。新たに結婚するカップルも増え、島は平和で愛に包まれていたのです。

どうしたことでしょう、王様はある時カンチガイしてしまいました。

急に、「おまえたち1億円返せ」と言い始めたのです。「だってこれ島の借金だもーん!!!おまえ達、返すの当たり前でしょう！」って。

これはかなりおかしいことなのです。なぜなら王様の負債（お金）は島の人々の資産だからです。それを強権的にやれっ!!　と言いだしてしまった。「プライマリーバランスの赤字が拡大したから、政府の負債（国の借金と主張していますが、これは間違い）が大きくなったから、つまり国民の資産が増えたから、増税するので返してね!!!」と政府（王様）が勝手に言っているのです。こんなこと普通やる国があるのでしょうか？　こんなこ

図⑫

とを30年間続けてきた国がありました。現在の日本です。そのせいで一部を除いて日本国民みんなが貧しくなりました。この不況は政府のカンチガイから来ているのです。

貸した金は返済しなくちゃいけないとの理屈でやろうとしているのが今の政府。私たち庶民同士の貸し借りならば、それは当てはまります。しかし、政府は自分でお金をつくれるから私たちとは違うのです。実際に国債償還の時が来ても政府は借り換えしているだけで返していないのです。国家財政は「おこづかい帳」ではありません。自分でお金を刷っている（この表現はちょっとおかしいけど）ことも忘れてしまったのでしょうか？

最初から自分で間違ったことをやって、その尻ぬぐいは国民。これじゃあ庶民が貧しくなって当たり前です。それでも政府は間違った経済学をもとに財政健全化と銘打って「増税」しようとしています。また繰り返そうとしているのです。この方針によって何人命を落とすのでしょう、私は悲しくなってきました。

さて、楽しく豊かに暮らしていたヒノマル島の人々はその後どうなったでしょう。一生懸命働いても、働いても、王様は島の人々のお金を「島の借金は島民の借金だー‼」と言って、むしり取り続けました。一部の小ずるい商売上手を除いてどんどん貧しくなっていった島の人々は、やる気を失い、自ら命を絶つ者も増え、島民同士の争いも絶えなくなり、人口もどんどん減ってしまいました。そしてついに、お隣の大きな国に飲み込まれてしまったのです。政府が予算を組んで執行する時に国債（国庫証券つまり借用証書）を発行します。この国債は100％通貨となって民間に流れます。私たちはそのお金を使ってさらに稼いでお金を廻して経済成長させて、その稼いだお金から税金を払い、世の中が安定します。これが正しいお金の流れです。政府は税金を使って公共事業や公共サービスを行っているのではありません。予算執行し国債を発行することによって行われるのです。

政治家も含めて私たちは大きなカンチガイをしてきました。税金は財源ではありません。お金を回収する行為であり、流通するお金を消す行為です。消費税増税も社会保障費の値上げもデフレ期に絶対にやってはいけないのです。**その勘違いが30年間蓄積されて日本は衰退してしまいました。**

今貧困層がどんどん増え、中産階級も貧困層に陥ろうとしています。これらはヒノマル島の王様と同じ政府のカンチガイからくる経済政策によるものです。失政悪政は、滅亡へと続きます。本当に恐ろしいと思います。

王様が「お金と経済のしくみ」を理解すると？

王様がどんどんお金をむしり取っていったため、島の人々はどんどん貧しくなっていきました。加えて、島の外で疫病が発生し、ヒノマル島を襲いました。王様は今までカンチガイからお金を節約すると言って、島の病院をギリギリまで減らし続けてしまったため、この疫病に対処することができません。島の人々は、貧しさと疫病のダブルパンチを受け、心もすさんでいきました。ある日、智慧ある文殊菩薩さまが現れ王様にこう告げました。

「お金は本来、約束を守るため、人と人との絆をつなげるためにある。そしてお金がグルグル回るから島の人々は楽しく豊かに生活を送ることができるのです。島の権力者である王様が、お金の流れを止めてどうする？　王様の役割は、島の人々が豊かな生活を送るようにすることでしょう。王様よ。あなたはお金をつくることができるのですよ。」

王様にとっての負債は、島の人々にとってはかけがえのない財産なのですよ。もしお金をつくりすぎて、島のモノの値段が上がり過ぎてきたなら、税金でお金を回収し、お金をほどほどに消せばよい。でも今は、島の人々の生活は困窮をきわめています。貧しい者はどんどん貧しくなっています。そんなときこそ、あなたはお金を刷って借金（負債）を背負いなさい。どうせ返す必要はないのですから。

もっと島の人々がどうなっているのか、島の中をちゃんとみてみなさい。まずは貧しい民を救いなさい。もともと島の人々はまじめなのです。疫病が終わったら、そのお金を使って一生懸命働いて、また豊かな美しいヒノマル島にしてくれますよ。島の人々を信じなさい。」

王様はハッ！　と何かに気づいたようです。そして何故か目をとじました。

「島の借金は島民の借金⁇　いやこれは私の借金で島民の財産・・・。これはとんだカンチガイをしていた。島の人々がまじめに仕事をしてくれるから、私は安心して借金（負債）を背負うことができるということ。しかも返す必要はない。私はお金をゼロからつくれる・・・。」

宮殿に戻った王様は、まずこんな島にしたいと深く考え、新たに長期構想を打ち立てました。
1、余裕のある医療体制　この疫病がワシに教えてくれたのだ。
2、科学技術や教育の充実　智恵ある子供たちは島の宝じゃ。
3、防災・国土強靭化　災害から島の人々を守るぞ。
4、地方を大切にする　痛んだ橋や道路を直そう　島民こそみんな宝じゃ。
5、お隣の大国がどんどん領土を広げようとしている　島を守る力を蓄えるぞ！
6、環境問題にも取り組もう　島民といっしょに木をどんどん植えるのじゃ。
これらの計画を実現するために、しっかりと長期計画を練り、王様は毎年お金を大胆にちょこちょことヒノマル島に増やしたのです。するとどうでしょう、もともとまじめな島の人々は王様を信頼し、ヒノマル島再生のため一生懸命働きました。若者のお給料も徐々に増え、将来に自信を持ち始めたのでしょう。夢を語れるような世の中になってきました。結婚する若者も増え、今まで減り続けてきた子供たちも増え、ヒノマル島は再び自然豊かな平和で慈愛に包まれた美しい島になったのです。

4

第4章

財務省はどうして間違えるのか

第4章　財務省はどうして間違えるのか

矢野論文と元次官齋藤次郎氏の寄稿《きこう》について。

文藝春秋令和3年11月号に、当時現役の財務省事務次官矢野康治氏が寄稿されました。タイトルは、財務次官、モノ申す「このままでは国家財政は破綻する」から引用します。

誰が総理になっても1166兆円の〝借金〟からは逃げられない。コロナ対策は大事だが人気取りのバラマキが続けばこの国は沈む

根拠も何もないデタラメで自分よがりな「財政破綻論」です。じつは財務省は、公式ホームページ上に、「自国通貨建ての国債発行で財政破綻はあり得ない」と主張しています。そして、「日本国債は安全で確実な資産であり、必ず元金が償還され、安心な未来への資産である」と国民に勧めています。普通、破綻する前提の国債を国民に売りますか？この寄稿文は財務省の公式見解と財務次官の意見が食い違う、全くおかしな文章なのです。国民をありえない「財政破綻論」で脅して、また増税をしたいのかと疑ってしまいます。

多くの国民が「国債は国の借金」なのだというウソを刷り込まれており、国民自身がお金を借りているような錯覚に陥りますが、完全な間違いです。人の良い日本国民は「どうにかして借金を減らさないと、財政破綻してしまう。将来世代にツケを回してはいけない。消費増税も仕方がないか」と思い込んでいます。そしてまんまと財務省の省益である「増税路線」に乗っけられてきました。

また、令和5年文藝春秋5月号に元大蔵事務次官齋藤次郎氏（１９５９年入省）が、『安倍晋三回顧録』に反論する」を寄稿し掲載されました。

そこでわかったことがあります。齋藤氏は１９５９年入省で曰く、「入省して、徹底的に教え込まれたのは、財政規律の重要性でした」、「財政の黒字化は当たり前のことでなければならない」、「赤字国債は絶対に出すな。…毎日のように先輩から言い聞かされました」そうやって毎日のように厳しく教育されながら、大蔵官僚たちは「財政規律の大原則」を受け継いできたのです。と述べています。

経済は生き物です。その時代時代によって景況は変化するし、その変化に対応しながら財政政策を検討し実行するのが政府の役割です。しかし、齋藤氏の文面からは、ひたすら財政の黒字化を目指し、しかも先輩から毎日言い聞かされていたという。つまり、経済政

図⑬

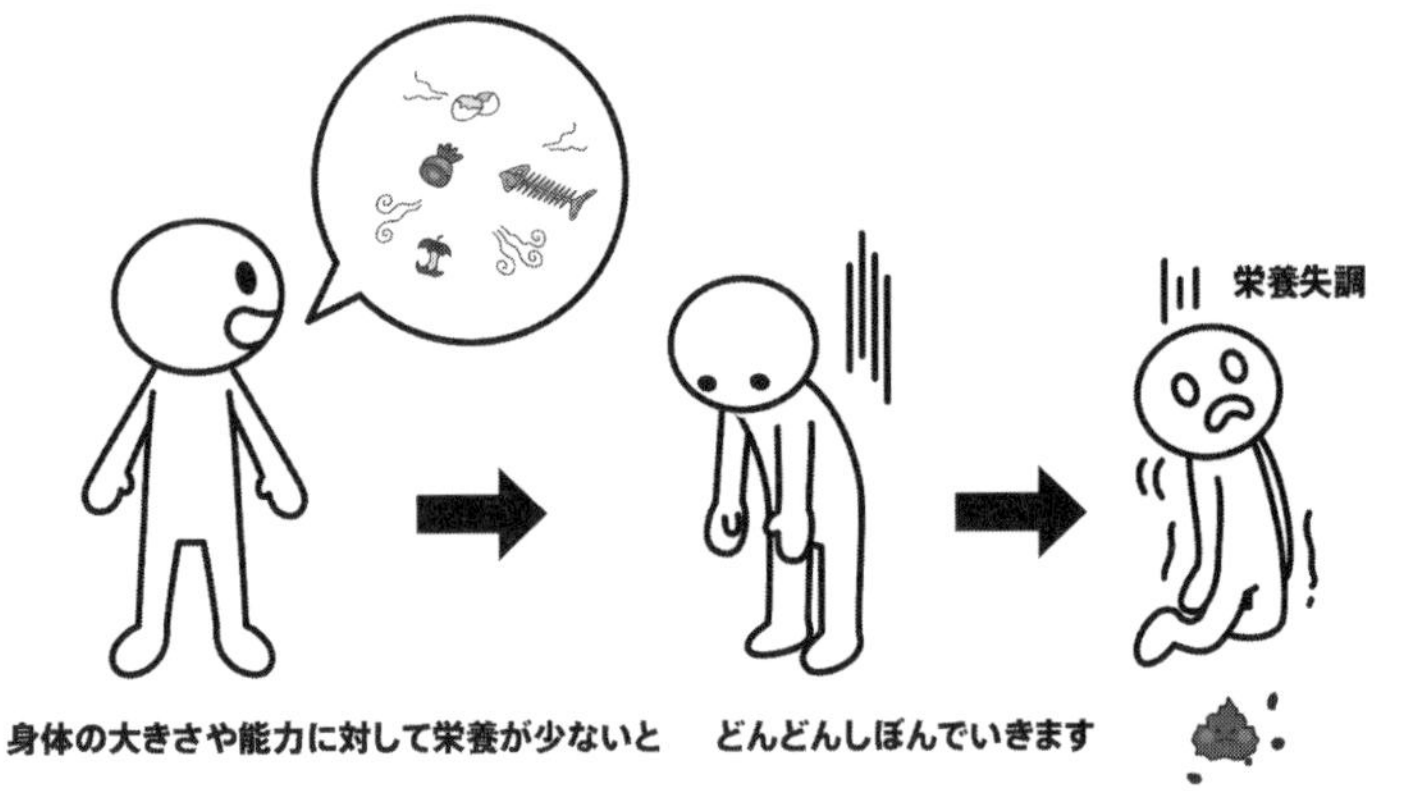
食べるを減らせば、どんどん弱ります。国家も同じです。
栄養失調
身体の大きさや能力に対して栄養が少ないと
どんどんしぼんでいきます

策のなんたるかを考えずに国家を運営し、何も疑問を持たず突っ走ってきたことになります。これが何を意味するかというと、国家経済を全く理解していないことです。

しかも「財政の黒字化は当たり前でなければならない」と、それが財務省の伝統であるとおっしゃる。政府の黒字は民間の赤字であり、これでは民間は赤字でなければならないと真面目に主張しているようなものです。

齋藤氏の時代は高度経済成長時代でした。つまり過度なインフレ状態です。そのような時代は景気を冷ますための緊縮財政は正しいのです。しかし、今は景気が冷え込んでいる状況です。そんなときに財政健全化を進めてはいけないのです。それは国民貧困化政策であり、日本衰退政策だからです。身体が衰弱しているときは、栄養を多めに与え身体を健康にするよう努めます。肥満になってくれば、食事を控え、老廃物を多く排泄し、循環のリズムを正し身体が健全になるよう試みます。（図⑬参照）不況の時は、国家経済も当然入れる（国債発行による通貨発行）を増やし、出す（徴税）を減らすというオペレーションが必要になりますがその当たり前の事の逆をずっとやってきた。デフレ不況の時は供給能力に対して需要が不足しているので、財政健全化を進めることは、国家の自殺行為であり、多くの国民を苦しめます。財務省のトップが、国債発行は通貨発行であるという現実を理解せず、国民の借金とカンチガイしている異常事態です。このカンチガイで何人の方々が尊い命を落としたことでしょう。

「ザイム真理教」を読んで

経済学者であり評論家の森永卓郎氏は２０２３年「ザイム真理教―それは信者８０００万人の巨大カルト」（発行：三五館シンシャ）を上梓しました。これもひとつの社会現象な

図⑭　マインドコントロール（ご説明）デタラメでも繰り返せば真実？になる

カルトだね
財政健全化だよ
財政破綻するよー！
プライマリーバランス黒字化しなきゃいならない
はい・・・
国の借金がー！
国にはお金がないよー！

のでしょう。国民も「不景気なのにいつまでも増税を進めようとしている政府は何かがおかしい」と感じ始めています。そして、先に紹介した齋藤次郎氏の文藝春秋への寄稿文はまるでカルト宗教の教義を彷彿させるようです。カルトの定義は、学術用語としてはカリスマ指導者を中心とする小規模で熱狂的な会員の集まりを指し、現在では、犯罪行為を行うような反社会的な宗教団体を指して使用される、としています。（Wikipedia）カルト的集団は、宗教団体に限定されません。マインドコントロールは意識的また無意識的にさまざまな方面で利用されています。（図⑭参照）1995年、オウム真理教事件（地下鉄サリン事件）

が起こったとき、最初は私自身これが何を意味するのかがわかりませんでした。しかし、逮捕された信者の幹部連中が有名大学卒業のエリート達に占められていたこと、そして真面目に国家転覆を企てていたことに驚愕を覚え、当時カルトについて自分なりに調べたことを思い出します。エリート達は洗脳され、疑問も持たずに殺人まで犯し、本気で国家転覆を謀っていたのです。

財務省のやり方は、失礼を承知で申し上げると、無意識的だと思いますが、このカルトの手法に酷似しているのです。財政健全化の無謬性を信じて疑わず、財政規律をひたすら守ることに疑問をもたずに妄信し、財政健全化、つまり国債発行をなるべくしない方向を堅持し、教義である増税をするためならなんでもする。「財政破綻する〜」「国の借金が1000兆円超えて、国民一人あたり何百万円の借金を抱えている〜」等、国民をウソで脅し目的を達成させるためには手段を選ばないそのやり方は、カルトにそっくりです。また、「ご説明」と称して多くの政治家を廻り、集団で間違った定義の財政健全化を布教するやり方そのものも、カルトのマインドコントロール手法に酷似しています。（図⑭参照）

先輩からの教えに背くことは、省内（教団）での死を意味するそうです。完全に思考停止して、景況判断の数字すら、国債発行を押さえるために操作する。経済政策は、ＧＤＰ

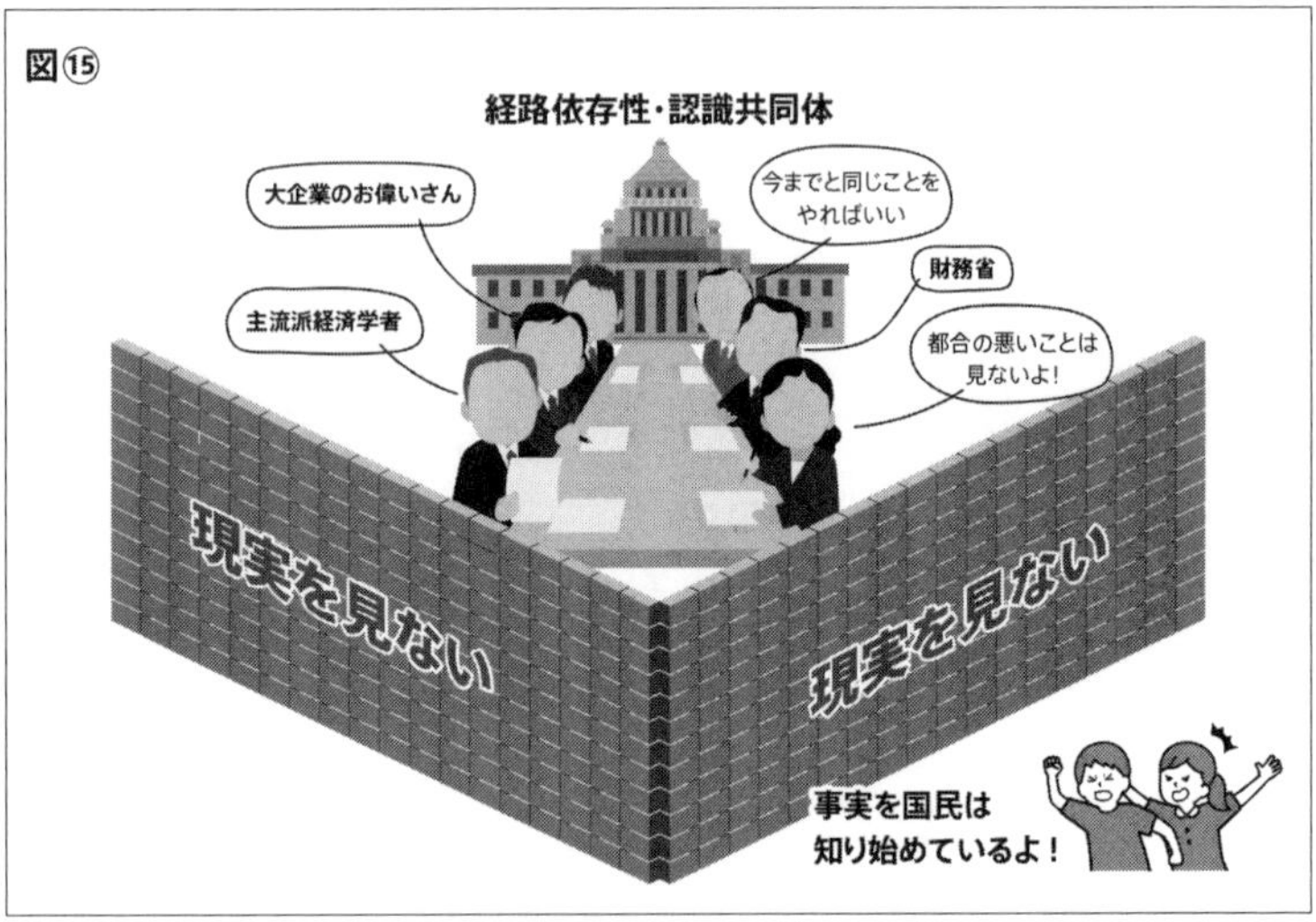
図⑮
経路依存性・認識共同体
大企業のお偉いさん
今までと同じことをやればいい
財務省
主流派経済学者
都合の悪いことは見ないよ！
現実を見ない
現実を見ない
事実を国民は知り始めているよ！

（国内総生産）を適度に成長させて国家を豊かにし、国民に安全安心を与えるためにあるはずなのに、全く逆のことをやっている。不思議に思っていたのですが、齋藤氏の寄稿を読んで合点がいきました。

財務省のトップが国家財政のなんたるかを全く理解せずに財政運営をしてきたのです。これこそが日本が過去30年間ほとんど経済成長できなかったことの主因でしょう。

しかも、「財政は黒字でなければならない」（＝民間の赤字化＝国民貧困化）との全く間違った信念を財務省の伝統と称してずっと押し通してきました。国民の苦しい生活を顧みることなく、国家衰退をも認識せずに、誤った財政観を後輩の意識にたたき込

図⑯

頭の中は
お小遣い帳
ここは予算多くするから
ここは削れ!
ここまでしか予算は
組めないから
このくらい予算をください
農林水産省
ハハー
国交省
厚労省
ハハー
文科省
財務省課長

み、トップ（教祖様）の意に反する言動はタブー視し、同じ誤った意見の者同士で共同体をつくっています。（認識共同体）デフレ期にもかかわらず誤った財政健全化を教義として疑問を持たずに永年推し進め（経路依存性）、その価値観は絶対であると従い、先輩の意のままに動く。

それは正しくカルト的な集団と言っていいでしょう。（図⑮参照）

各省庁は、国会での次年度の予算審議の前に予算の概算要求をします。ところが、財務省は予算の概算要求の前に「シーリング」というキャップをはめ、それ以上の予算要求ができないシステムになっています。

例えば、国土交通省の令和5年度の予算は

6兆円までetcなどです。これは非常におかしなことで、状況の変化による経済政策が打てないことを意味します。（図⑯参照）財務省にはその権限はないはずであり、財政の主権は国民にあって、これは憲法違反です。予算規模は、その年々の世界状況や国内の景況によって変わらなければならず、毎年の経済政策が変わるのは誰にでもわかることですし、中学校の公民の教科書にも載っています。そして、これが何を意味するのかというと、産業や技術、教育、医療、福祉、安全保障その他さまざまな大切な成長分野において、政府が予算ありきの枠を決め一生懸命投資を行わない事により、その可能性を摘み取ってしまっているのです。

民間であれば持っているお金に制約があるので致し方がない。しかし、政府は信用創造によって「無」からお金を創り出し、国家の生産能力、つまりインフレ率という制約はあるものの、不況の時にはそれなりに財政出動しなければなりませんしできるのです。今までは「財政規律を守らなければならない」と出し惜しみしてきましたが、コロナショックによるリーマンショックの3倍にもなる財政出動したにもかかわらず、危惧したことは何も起こりませんでした。つまり、財務省やマスコミ、御用経済学者や経済評論家が今まで喧伝してきた「国の借金で財政破綻する～」「ハイパーインフレになる～」という事は正解でないことを証明しています。

もはや財政政策のなんたるかを理解しないで国家を運営し、国民を貧困化させ、そして格差を拡大させて国民同士を分断させてはいけないのです。

現代社会は信用貨幣論で成り立っています。前近代の商品貨幣論の時代ではありません。今の日本政府は、昔の古くて操作の難しいロボットが国家運営をしているようなものです。驚くことに、国家の会計係のトップである前財務事務次官ですら、現代の貨幣が信用創造で成り立っている事実を理解していませんでした。

なぜエリート達はこうも間違ってしまうのでしょうか。ドイツの社会学者マックス・ウェーバー（１８６４〜１９２０）は、著書「官僚制的支配の本質、諸前提および展開」の中で官僚制を分析し、「組織は、効率性と合理性を徹底的に追求すると、かえって非効率で非合理なものになってしまうことが、往々にしてある」そして、「人間というものは、厳格に規則に従って仕事をしているうちに、規則に従うことそれ自体が自己目的化するようなことが往々にしてある。規則は、手段に過ぎないのに、手段が目的に変換されてしまう」と、説いています。日本の多くのエリート達は非常に優秀なはずですが、このジレンマに陥ってしまったのではないでしょうか。

だとすれば、財務省が主導する経済政策（本来は財政民主主義が憲法に定められている）が日本国を破滅に追い込むという、本当に恐ろしいことが進行しているのです。

多様性が大切

2021年7月16日、横浜国立大名誉教授で植物生態学者の宮脇昭先生がお亡くなりになりました。宮脇先生は、私が住職を務める輪王寺で3万2千本の土地本来の木々の植樹活動を指導してくださった恩師です。

また、東日本大震災後に「森の防潮堤」構想を提唱され、岩沼市の海岸線に、約40万本！　の土地本来の木々を多くの市民とともに植えられ、震災から10年後の2021年に、「千年希望の丘」として事業を完遂しました。

先生の指導のもと「一般社団法人 森の防潮堤協会」理事長として植樹活動をさせていただいた私としては、残念な気持ちでいっぱいなのですが、宮脇先生の人生はそれこそ充実しており、まさに「人生悔いなし」であったと確信しています。宮脇先生は植樹指導を行う際に、「苗木を植えるとき、好きな奴だけ集めない！　まじぇる！まじぇる！まじぇ

図⑰

多層群落を構成する森（本物の森）
主木となる高木層、それを支える亜高木層、
低木層、林床の草本植物などが共存している
単植林による森（林業の森）
スギやヒノキなど単一種だけが植林されると、
生物多様性は失われ、災害に対しても脆弱

る（岡山弁の混ぜる）！」と連呼されます。そして、「人間社会も同じです。大切なことは、トップがしっかりしていること。そして3役5役がトップを支える。お互いが信頼し合って、嫌な奴とも少し我慢しながら共に生きる。これが自然の掟であり、世の中が安定する条件だ」とおっしゃいます。「自然の森からみると、どんどん画一化されていく現代社会は表面的に便利で豊かかもしれないけれど、絶好調にみえる今こそが生態学的にみると危機的な状況である」と、宮脇先生は常日頃話していました。人間社会の画一化と危機に対する先見性の無さを非常に憂いていたのです。なぜなら世の中が危機的状況に陥ったときに

柔軟に対処できるのは、地域共同体を重視した多様性ある社会だからです。

宮脇流に言えば、その地域に生きるさまざまな立場の人々による共同体を重視した世の中が大切なのです。自然は多様です。

自然は人智を遙かに超えているが故に予測不能です。それゆえ、人間は物事を予測可能な人工的なモノへ改変させようとする傾向があることが理解できます。なぜならそのほうが管理しやすいし楽だからです。しかし、私たちは本来多様であり、一人ひとり皆違うのです。それが本来の人間社会なのです。(図⑰参照)

林業では、管理をしやすくするため1種類の木だけを植林します。間伐や枝落とし、下草刈りなどの管理をしなければ保たれない森です。生産材としてスギ・マツ・ヒノキなどの同じ種類の木々が植えられ、林内は整然としていて一見美しい。しかし、1種類であるが故に病害虫や災害などには弱いのです。もちろん私たちが生きていく上で林業は必要ですし、林業を否定するつもりはありません。ただ、事実として防災環境保全林としては弱点があることを知っておくべきでしょう。自然の摂理から考えると、多様性が人間社会にとっても大切なことがわかります。

社会は本来多様なのですが、現代社会は合理性や効率化を推進するために多様性に圧力をかけ、画一的な社会の方向へと進んでいるように見えます。弱い企業には退出してもらい、強い企業だけを残して国際競争力をつけさせ、グローバル社会に勝ち残っていこうとするのが、いわゆる新自由主義です。これは林業の考え方にそっくりです。

林業では、間伐といって活きのいい木々だけを残し、弱くなった木々は排除します。しかし、この路線を突き進んできた結果が日本の衰退であり、コロナショックによって多くの矛盾も露呈しました。しかも、この路線を進める政府が「お金」についてまったく理解していないことが露呈しました。なにしろ財務省のお抱え経済学者がお金を発行する仕組みすら理解していなかったのです。

主流派経済学が唱える経済理論の一つに「トリクルダウン理論」があります。18世紀の初頭に英国の精神科医であるマンデヴィルによって初めてこのような考え方が示されました。トリクルダウン（trickle down）とは「滴り落ちる」という意味で、「富める者が富めば、貧しい者にも自然に富がこぼれ落ち、経済全体が良くなる」という説に立ち、大企業や富裕層がまず潤うような経済政策を採用する根拠となってきた理論です。

30年ほど前から、日本政府は法人税を引き下げて大企業を潤し、税制を変えることによって富裕層に手厚くしました。その一方で消費税増税を断行したのですが、果たしてその効果はあったでしょうか？　実は富裕層はもっと裕福になったものの、その富は貧困層に滴り落ちず「トリクルダウンの効果」はありませんでした。

そしてどんどん貧富の差が拡大しています。さらに日本政府は労働市場の流動化と称して、労働規制の緩和をしたのです。結果、非正規雇用者が増え、今では労働者全体の４割にまでなっています。実質賃金が減り続けるので貧しい若者は結婚すら出来ず、少子化が進むのも当然なわけです。

これは自己責任でかたづけられる問題ではありません。日本政府の失政が招いた結果です。ＧＤＰを成長させる「適正な政府支出」をひたすら拒み、税金は財源ではないのに、不況であるにもかかわらず、「財源がないから」（カンチガイ？）といって増税を断行し、日本政府自らが国民に経済制裁を課してきたようなものです。日本政府の規制緩和を進める法改正とデフレ下の緊縮財政による経済成長率の低迷は、格差を拡大させ、国民を勝ち組と負け組に分断し、社会全体の共同意識を低下させ、資本主義にとって大切な投資を減らし、活力を奪っていきました。

自然の森は、土地本来の高中低のさまざまな木々、草本植物、動物たち、菌類等が、それぞれの役目を果たしながら、森の中で一つの共同体をつくり、絶えず生滅を繰り返しながらも共に生きています。

これが自然の掟であり、このような森は共助で成り立っていて、森自体が一つの生命の塊です。もちろん人の手を入れてはいけません。そして共助によって成り立っているので、あらゆる災害に強く、活力にみなぎり丈夫で長持ちします。一方商業目的でつくられた人工林は単植林であり、自然の森のようにはいきません。強い木や売れそうな木だけを残し、弱い木々は間伐されます。強いものだけ残すので、一見強そうに感じますが、定期的な手入れが必要であり、災害に対しては脆弱です。林業のやり方は、「トリクルダウン理論」にのっとった経済政策にそっくりです。これも人間の浅い知恵なのでしょう、管理が容易なのです。私は林業を否定するわけではありません。人間が生きていく上で林業は必要です。ようは程度とバランスの問題なのです。

エリート集団財務省という組織

日本のトップエリート集団である財務省が、なぜ国家を滅ぼすほどの大きな間違いを犯すのでしょうか？　もともと生態学的知見から、生物多様性の大切さについて興味をもっ

図⑱

多様性のない組織

先輩の言うことは
神のお告げ、絶対だから!!!
自分たちは
エリートだから
間違えるはずがない
庶民はボクたちの
言うことに
従えばいいの!
財政健全化は
絶対に正しい(間違い)
思考停止
皆意見は同じだね
賢者 → 愚者

ている和尚は、「多様性の科学」（マシュー・サイド著ディスカヴィー・トゥエンティワン発刊・2021年）を紐解きました。この本では、画一的な組織がいかに間違いを犯しやすいのか、なぜそうなってしまうのか、経済をさらに大きく繁栄させるには、多様性をどう活かせばいいのか等を、さまざまな事例をもとに心理学や人類発展の歴史などの観点から分析しています。

財務省のキャリア官僚は、一人ひとりをみれば、間違いなく勤勉でそつなく仕事をこなし、能力も非常に高いはずです。彼らは例外なく子供の頃から成績優秀で一流大学をトップクラスで卒業しています。その優秀な彼らですが、その中には、違う意見を述べる異端児はほとんどいないのでしょうか。いたとしても同調圧力によって押しつぶされてしまうのです。そして結果的に画一的な集団が作られてしまいました。（図⑱参照）この現象はパフォーマンスを低くするだけに留まらず、間違ったことも皆で共有してしまうようです。しかもその傾向を互いに強化してしまいます。そして同じ考えに染まった集団が犯しやすい危険は、重大な過ちを過剰な自信で見過ごし、そのまま判断を下してしまいがちなことです。

財務省に起こっていることは、画一的な人々が集まると現れる典型的なパターンだと思いますが、互いの意見に同調し合うばかりで、先輩たちから引き継いできた固定観念をより強固にしてしまっています。ですから、現代の貨幣の理屈が明らかになっても認めることができず、旧態依然の現代社会には通用しない経済学をひたすら支持し、間違った経済政策を続けようとするのです。財務省という組織は、せっかくの賢者の集団を愚者の集団に作り替えてしまったのでしょう。

一人ひとりは賢くても集団になると愚かになることは往々にあることです。そして、多様な知識や経験が特に欠かせない政策決定の場でその愚かな集団に責任が委ねられる状態は悲劇を生みます。なぜなら社会は多様で変化し続けるからです。画一的な集団は、互いの間違いを見て見ぬふりをして、もしくは無視することによって、さらに現実が見えなくなっているのです。

個人個人はどれだけ頭脳明晰でも、同じ背景を持つ者ばかりが意志決定集団を形成すると現実が見えなくなることは容易に想像できます。そして、人は誰でも自分自身のライフスタイルや好みや考え方を、他者に押し付ける傾向があります。失敗経験のほとんどない財務省高官が無意識のうちに身に着けた自分たちの価値観や生き方は、まちがいなく国民の現実と遠くかけ離れています。そして彼らは机上の空論に頼り切り、俯瞰的な視点を持つことができなくなっていると思わざるをえません。組織は本質的に同じ考えに染まる傾向があります。いくら賢者の集まりでも、同じ枠組みの人ばかりが集まると近視眼的になります。そこで多様な枠組みの組織が必要となるのです。さまざまな異なる視点からの知見や知恵を出し合うからこそ、見えない部分が明らかになります。そして広い視野で物事をみて意見をぶつけ合うので、高い集合知が期待できるのです。もちろん賢い個人が必要ですが同時に多様性も欠かせません。

組織はだいたい内部にランキング（階層）をつくります。

特に官僚のような画一的な組織はその傾向が強いのです。

図⑲
多様性のある組織

もっと意見
ありませんか？
こうゆう意見も
あるね
そうだ、昭和恐慌の時、
高橋是清が
財政を拡大して
日本を救ったよね
国民の目線で
考えよう
違う視点で
考えてみよう！
これ違くね?!

そこでは学歴や組織の論理にいかに従えるかが重要になってきます。本来集合知には、多様な視点や意見が重要になります。ところが組織の上層部が、「異議」を自分の地位に対する脅威ととらえる環境（あるいは実際にそれを威圧するような環境）では、多様な意見は出にくくなります。

なぜなら出世に響くからです。出世争いが効果的な人間関係の邪魔をするのです。どんな組織でも部下はいつでも上司の顔色を伺います。自由な雰囲気のない集団では、決して最初から多様な意見がないのではなく、そもそも表明する場がないのです。多様性はそうやって排除されます。上層部にとってやっかいなのは多様性です。なぜなら統治しにくいからです。多くのエリート層は、社会を支配していると錯覚しているようです。

私たち自身も「財務省や経済学者、経済評論家はエリートだから間違えるはずがない」と錯覚していました。そうやって30年間錯覚を繰り返してきた結果が今も続く日本の衰退です。

コロナ禍もとりあえずは終息しましたが、ロシアによるウクライナ侵攻がおこり、新たな局面を迎えている現在こそ、現状に疑問を投げかける力、従来の枠組みを飛びこえて行く力が必要です。しかし組織人は、自分で自分を組織の中に閉じ込めようとする人々が多いのです。内に籠もれば籠もるほど視野を狭めることになります。そして、自分たちだけの枠組みの中に閉じこもれば閉じこもるほど、新たな視点や論点を脅威とみなすようになります。その圧力が組織人をマシーン化してしまいました。財務省の職員は、いわば檻の中に閉じこもっている状態で、外からの情報をシャットアウトされ、省内の職員は自分の意見と似通った意見しか見えないようです。このような組織は現代では希で、カルト団体かその類の排他的な組織ぐらいでしょう。

日本の政治エリートたちは、複雑で多様な問題を、一面的、直線的に解こうとする傾向があります。また、全体を俯瞰的に観ることができず、独りよがりな観点から物事を見てわかったつもりになっているようです。

今の財務省は、財政健全化（プライマリーバランス黒字化目標）を推し進めるために全体の経済状況を把握することを怠り、なにが起こっても国民の生活を無視し、まったく貨幣観の間違えた経済学を信奉し、省益である増税をまだ推し進めようとしています。経済は生き物であり、その都度状況に応じて対策を変えなければならないのに、ひたすら財務省の増税という目標が障害となって経済政策の変更を拒んでいます。コロナショックの日本政府の対応をみるに、その硬直性は異常です。あきらかに、上級職の多様性の欠如がそれをもたらしています。

国家の意思決定に大きく関わる財務省は、典型的なエリート集団ですが、残念ながら大きなミスを犯し、なおかつそのミスを自覚できないくらい硬直してしまった集団なのでしょう。組織内の多様性、意見の多様性を重視した改革は待ったなしです。なぜなら国家のお財布は、多くの国民の生命に関わる問題だからです。

問題の本質を見抜くには、当事者にとって当たり前になっている物事を、第三者の視点で見つめ直さなければなりません。新たな視点に立って取り組めば、問題点がどこにあるのか明確に見えてきます。

人間は一人ひとりみな違います。体格も、知能も、長所も、短所も、経験も、興味も、あらゆることが異なります。だからこそ人間はすばらしいし生きることは楽しいのです。人類は、さまざまな知恵やアイデア、経験、発見、さまざまな変革を社会的つながりの中で生み出し、共有し、集合知が高まり、多様性という土台の上にそれらを築き上げてきました。多様性があるからこそ高度な文明を発展させることができたのです。（図⑲参照）画一化は人類発展の歴史から捉えると人類の退化なのです。私たちは危機的な状況の今こそ、社会の多様性について真剣に考えるべきです。

生物多様性からみて本当に多文化共生は正しいのか？

私たちは、宮脇方式と言われる植樹方法を、「ふるさとの木によるふるさとの森づくり」と呼んでいます。この方法は、その地域に本来生える木々を多品種選び、高さ30センチ程のポット苗を混植・密植、1平米3本植えるというユニークな方法です。約20〜30年後にはその土地本来のこんもりとした森が出来上がります。植えてから2〜3年の草取りは必要ですが、あとは自然まかせ、管理しない管理に任せます。

日本の場合、生態学的に見た本物の森は、宮脇先生曰く、0.3％程しかないといいます。そのくらい本物の森は少なくなってしまいました。国土の約68％が森林に占められている日本は森林大国です。もし人間の手が加えられなければ国土の92％は自然と森になってしまうというくらい、我が日本は温暖で雨が多く植物の生長に適した条件が整っています。

この植樹方法は、潜在自然植生理論というなにやらむずかしそうな理屈から来ていますが、単純に説明すると北海道と九州では生えている植物が違うということです。その地域の気候や土壌、雨量などの条件によって、そこにできる森の形態は変わってきます。その地に合わない植物が健全に育つかどうかを考えてみればいいでしょう。自然は人智をはるかに超えています。長い年月をかけて、そこに存在できる一番適した森を自然の力が作り上げるのです。

宮脇先生は五感を最大限に働かせて植樹地に生えるべき多品種の樹種を読み取り選び、多くの市民と協力しながら植樹します。その土地本来の混植密植されている木々は切磋琢磨するために早く生長し、20年程たつと自然の森に近い森が出来上がります。

この方式で植樹する場合、苗木の地域性と多品種であることが大切になります。私は、

「森の防潮堤協会」を立ち上げたとき、最初にやったことは苗木の生産でした。メンバーに指示を出し、時々自ら出向き津波被災地を回り、生き残った木々から種やドングリを集めました。その土地に自然に生えている木々こそがその土地本来の木々であるというのが宮脇先生からの教えです。長年森の中で生き続けた木々こそがその土地の自然条件に耐えられます。特に海岸線は潮風が強く塩分を含んでいるので、植物が生存するための条件は厳しいのです。

大切なことは、その地域に根差した生物多様性なのです。

よく「多様性」が大切だから「日本を多文化共生の国にしよう」とばかりに、労働者として外国移民をどんどん受け入れようという政策が進められていますが、とんでもない。日本に来る外国人は、それなりの夢や希望をもって働きに来ます。政府のカンチガイから日本国民はどんどん貧しくなっていますが、それでもまだ日本の方が彼らの自国よりは多く稼げるのです。

でもよく考えていただきたいのです。日本は島国であり、長い歴史によって育まれた伝統文化をもち、外国の方々にとって難解な日本語を話し、日本人独特の感性をもつほぼ同一民族が暮らす国です。私は外国人を排斥する気は毛頭ありません。ただし、単に労働力が足りないからといって、安易に安い労働者として受け入れることが正しいことなのか、受け入れ態勢は整っているのか、彼らを資本家が儲けるためのモノまたは奴隷として扱っていないのか？（彼らに対してあまりにも失礼です）

日本の労働力不足と安い労働者が手に入るという大企業の思惑と、貧しい国々から来るお金に困った働き手の双方の利益がマッチしての移民受け入れなのでしょうが、移民を大量に受け入れたヨーロッパの事例を見ていると、さまざまな問題が噴出していることがわかります。もともと住んでいる住民と価値観や宗教の違う移民との対立が始まっているのです。外国人移民受け入れの政策は、日本人の賃金引下げの方向に導きます。長年同じ民族でやってきた日本人が、貧しい国々からやってくる価値観や宗教の違う外国の方々と本当にうまくやっていけるのか疑問です。

ニセアカシアが日本のいたるところに入り込んで悪さをしています。セイタカアワダチソウは、毒でもって日本古来種の植物を我が物顔で荒らします。

荒らし終わった後は、自分の毒で自ら滅んでいくのですが。本来生態学でいう生物多様性とは、その地域に根差した生き物たちが共存共栄している状態です。本物の森の中では、その土地本来の高い木、中ぐらいの木、低い木がいがみ合い競争しながらも、少し我慢しながら共に生きています。そこにどんどん外来種を入れるということは、その森、人間社会で言えば共同体の崩壊を意味しているのです。同じように、人間社会も考えるべきなのではないでしょうか。

まずは政府が適正に政府支出をすることによって、国民と協力して雇用を確保しながら安全安心に暮らしていけるような世の中にするのが先です。

人手が本当に足りないのであれば、長期計画に予算をつけることによって設備投資や技術投資を促進させ、生産性の向上に努めることによって人手不足の解消に努めるべきです。それこそが経済成長と人手不足を解消させる一石二鳥の政策なのだと私は思っています。

健全な森林生態系の中には、外来種がなかなか入れないように、国家も健全にお金が回っている状況では外国人の働き手は必要ないのです。もちろん節度ある移民の受け入れは必要な場合もあるでしょう。しかしまず政府は日本国民を優先すべきです。若者の賃金が上がらないことが問題なのに、賃金引き下げを助長するような外国人移民受け入れ政策を安易にとってはいけません。

しかも将来社会不安を引き起こす可能性が高いのですから。よく国境を越えてみんな仲良くしましょう、とおっしゃる方もいますが、まず自分の国を大切にしながら他国の皆さんとは分別を持ちながら住み分け交流することが必要です。

伝統文化や価値観の違うもの同士がごっちゃになることは、「生物多様性」という観点からみると危険なのです。

隣国の脅威が増し、世界の各地でキナ臭い戦争が始まっている昨今、日本政府は一刻も早く経済の立て直しを図るべきなのに真逆をやっています。これも明らかに貨幣観を間違えた「家計簿的国家運営」というばかばかしいカンチガイが原因なのです。

「お金がないから」とカンチガイし、歳出カットと増税を進めてきた政府が「貨幣観」を止すこと、回り道でもここから始めなければなりません。多様性を欠いた組織は、いくら優秀なエリートが集まっても愚者の集団になってしまいます。（図⑱参照）

人間社会では、世の画一化がいろいろな悪さをしています。本物の森から社会の在り方を一考すると、いろいろなことが見えてくるものです。

閑話休題 「荻原重秀」

昔からあった貨幣についての論争

活況に沸く江戸元禄期、危機的状況にあった幕府財政を、劇的なインフレ政策で切り抜けた**勘定奉行・荻原重秀**。勘定所の下級役人から異例の出世を遂げた男は、貨幣の本質について理解し、現代の貨幣のシステムに近い形で実践し、多くの民を救いました。彼は、経済とはなにか？　を解っていたのです。

「世の中は生き物でござれば、勝手向きのことは柔軟に応じなければなりませぬ」と、社会とは生態系のようなものであるから、一方向からのものの見方では対処できないことを良く理解していたようです。

元禄時代、金銀の採掘量が減少し、さらにオランダや中国との貿易による金銀流出の影響で、江戸幕府は市場の貨幣需要に対応できなくなりつつありました。その頃勘定奉行として経済政策を担当した荻原重秀は、貨幣は金銀の価値に依存する必要はなく、幕府が保証すれば問題ないと考えました。

３００年以上も前に、現代貨幣の本質である表券主義（貨幣とはどのような媒体であっても、そこに書かれている数字と債務者の情報自体が貨幣である）と、政府が債務を負うことによって貨幣に信用を与える国定信用貨幣論を発案していたのです。

荻原重秀は、元禄８年（１６９５年）慶長金・慶長銀を改鋳し、金銀の含有率を減らした元禄金・元禄銀を製造することによって流通貨幣を市中に増やしたのです。そのことによって当時の日本経済は不況（デフレ化）から脱却しました。さらに、幕府は膨大な改鋳差益を手に入れ、財政の赤字も解消したのです。

その政策によって適正なインフレになったので、不況で内部留保をため込み蓄財していた豪商やお金持ちたちが好景気を見て、「これからは商売が儲かる」と判断し、しかもお金の価値の目減りを受け投資を拡大し始めたのです。

そして雇われている庶民たちも給与が上がりお金を使うようになって経済成長し、元禄景気が始まりました。

大切なポイントは、現代社会の「国債発行と政府支出」と江戸時代の「金銀の含有率を減らした元禄金・元禄銀を製造し幕府の支出によって流通貨幣を市中に増やす」ことは全く同じだということです。つまり、政府支出がまず行われ民間が潤い、景気が良くなって民間が刺激を受けて「投資」を始めるという点です。

今の政府は、閣議決定である「プライマリーバランス黒字化目標」があるために、税収の範囲内でしか公共のサービスや事業を行ってはならないという全くトンチンカンな決定に縛られて、適正な政府支出をしてきませんでした。

これが過去30年間の日本衰退の主因です。財政健全化を御旗に掲げ、ひたすらありもしない財政破綻論を喧伝し、増税を繰り返すいわゆる政治エリートたちは、経済の原理を全く理解していないのか、データや統計をも無視したことを今もなお続けようとしています。きっと何人命を落としても、政府にとっては関係ないのでしょう。

重秀はお金の本質を300年以上も前に理解していました。以下は、「お金とは何か」を良く理解していた荻原重秀と徳川綱吉の側用人《そばようにん》柳沢保明とのやりとりです。

荻原重秀　「金なんかは天下の回りものだ。ある奴が出せばいいのです。それによって妓楼も潤えば女も潤う。いろんな商いをやっているものが助かりまする」
「銀座の年寄りどもの思惑はともかく、世間が欲しているだけの貨幣を発行せねば、世の中は回っていきませぬ」

重ねて「世間が欲するだけの貨幣を発行するは、これ為政者の責務。天下のためにございまする」と話します。

柳沢・「だが良き貨幣（金の含有量が規定通り）を出すのも為政者の責務ではないか」

重秀・「いや、貨幣は国家が造るもの、たとえ瓦礫《がれき》であっても行うべきではございませぬか」

これは、小判は金という今までの常識を打ち破る驚天動地の発想なのでした。

「諸藩には藩札というものがあって、その実態は紙切れにございまする。紙であろうと瓦礫であろうと、国家がこれは貨幣としての価値があると裏打ちすれば、貨幣になるのでございまする」

「品物に換えることができると信じられれば、お金の材料などなんでもよろしいのではありませぬか」

重秀の真摯な提案は説得力のあるものでした。

「幕府が、これが貨幣だと認めれば、貝殻でもいいわけか。まして、小判に銀を多く混ぜることなど、迷うに足らぬことか」

「幕府の信用さえあれば、貨幣の素材の価値と額面の価値が乖離しても、一向にかまわぬ」

貨幣について大切なことは、政府が発行して負債を負っていますという証明と、そこに書かれている数字なのです。例え瓦礫であってもなんでも良いのです。そこに書いてある情報が貨幣なのです。

貨幣とは負債であり政府が発行した借用証書なのです。

第5章

仏教が教える、心の豊かさとお金

第5章　仏教が教える　心の豊かさとお金

お金の起源（はじまり）

仏の教えの根本にあるのは、縁起の思想ですすべての存在が時間においても空間においてもつながり、お互いに影響を与え合いながら世の中が成り立つとしています。

この自然の道理、つまり「みんなつながっている」を前提に考えて、どのようにすればみんながハッピーになれるのかを説くのが仏の教えです。よく「仏教はむずかしい」とおっしゃる方々がおられます。でも実は単純なんです。ただこの単純なことを実践するのがむずかしいのです。どうしても人って私も含めて我儘ですから。そして世の中が複雑になればなるほどこのシンプルなことを行うことがむずかしくなってきます。真面目できちんとした方々ほど単純なことをむずかしくとらえ、間違えてしまう傾向にあるようです。肩の力を抜いて、素直な心で現実を見てみましょう。

お金について考えてみると、私たちはよく「お金は汚らわしい」とか「お金は不浄」であるととらえる傾向があると思います。普通皆さんはお金＝金銀の様に価値あるものと考えてしまい、「あいつだけ金持ちになりやがって」とか「もっと金が欲しい」とばかりに犯罪に手を染めてしまうことまでしてしまいます。そのようにみると確かにお金は汚らわしくなってしまいます。でも本当にそうなのでしょうか？　確かにお金は私たちを狂わせる力があります。半面私たちを幸せにもしてくれます。狂うも幸せになるも、私たちの心に負うところが大きいのです。そして、お金を「無」からつくり、制度を決めることができるボス的存在の中央政府のあり方が大きくかかわってくるのです。

しかし多くの皆さんにとって、お金はあまりにも日常的過ぎて、お金について考えたことがないというのが正直なところでしょう。まぁお金をいかに儲けるかは考えるでしょう。そこでお金はどのようにして生まれたのかをみてみると、興味深いことが見えてきます。そもそもお金がない時代に、人々は皆が寄り添ってどのようにして生きてきたのでしょう。また、その集まりを守るためには、必要なことはなんだったのでしょうか？　もしくは、狩猟採集時代において、野生の動物達から、体力の劣る人々が生き延びるためにどのようにしてきたのかを想像すると、人類発達の過程が見えてきます。

分子系統学とは、タンパク質のアミノ酸配列や遺伝子の塩基配列を用いて、種と種が分かれた順番や経過時間を推定し、系統樹を作成することによって、生物が進化してきた道筋を理解しようとする学問です。その分子系統学によると、ゴリラのような類人猿から枝分かれして推定600万年前にヒトとチンパンジーに分かれたようです。類人猿学者の山極寿一元京都大学学長が、著書『「サル化」する人間社会』集英社インターナショナル（2014年）で興味深いことを述べていました。ゴリラは家族を大切にし、群れにはボスがいて、共感という群れが生き残るための大切な能力を備えている。つまり、ゴリラは互いに支え合いながら群れを維持することができます。人間は他の大きな野生動物に比べると体力的に劣ります。しかし、共同生活を送ることによってその弱点を補いました。そして意思の疎通、分業、共通言語、共感等、皆で生き延びるための手段を身につけます。そこでは必ずリーダーが生まれます。リーダーは共同体のメンバーを統率し、共に信頼し合うように心がけることが大切です。集団が行動するときは、必ずなんらかの規則や約束事が必要になりますが、自然と身につけていったのでしょう。ひとりで狩猟するよりも、数人で狩猟した方が確実に獲物を得ることができるし、その集団の生き延びる確率が上がる事になります。捕った獲物はその集団内で分けて配られます。共同体の中では、独り占めは許されません。なぜなら一人生き残ったところで、それは全滅を意味するからです。これは集団全体が生き残るためのとても大切な智恵なのです。

大昔の住居は粗末で、人々は絶えず猛獣や他の生き物たちから身を守り、大自然の中で暮らさなければならないので、自然の驚異から如何に生き延びるか身をもって知らなければならなかったことは容易に想像できます。大自然の力は人の力をはるかに凌駕します。彼らはそこから超自然的なものを見いだし畏怖していたに違いありません。そして自然崇拝ができてきます。そこで大自然の神様みたいなものを創造したのでしょう。

当時の人々は、人工物に囲まれて暮らす現代人よりも、はるかに自然を感じる能力は優れていたはずです。彼らは呪術や儀礼を通して御霊や先祖霊と交信し、「お供物」を捧げることによって、自らが負債を負うことによって、神様との約束事を行いました。つまり、「お供物」は、村の人々が自然と上手く付き合っていくための手段であり、このようなことが人々の集まるところで風習として行われてきたことが「お金」を産むきっかけとなっていったのです。なぜならお金は負債だからです。

そして、いっしょに住む人々の能力はさまざまで、男女では体力が違います。また、知恵者もいるかもしれないし、乱暴者もいるでしょう。手先の器用な人もいるでしょう。そこで分業という社会的な発想が出てくるのです。村の人々が生き残るために各々が仕事を分け合うと言うことは、約束事を守る必要があります。人類は、進化の過程で共同体をつくり、生き延びるために「共感」そして「約束」という能力を身につけたのです。貨幣の始まりは、「互酬」と「再分配」です。古代あるいは未開社会では諸々の社会集団が生き延びるために、人々はお互いにモノやサービスを与え、返礼し合うことによって、その集団を維持してきました。また、集団の長や国王が権力を握り、集団を纏めるためにモノを集中させて、いっしょに生活する人々に分けて配ることによって、その集団を安定的に存続させる。これらは自然発生的に現れた生きるための集団知なのです。

約束してお互いにその約束を果たすために記した情報、それが貨幣の始まりであるといわれています。「貨幣主権論」ミシェル・アグリエッタ（著）、アンドレ・オルレアン（著）、坂口明義（監修、翻訳）藤原書店（２０１２年）の序説によると、「貨幣は、二つの顔を持つ社会的紐帯である（社会の中を結びつける紐《ひも》）である・・・そして信頼という顔を持つ」として、経済学が主張する単なる交換媒体としての役割を否定し、「貨幣は主権に対する債務から、したがって価値におけるヒエラルキー化から派生する」としています。つまり、ひとつの共同体（例えば国家）において、まとめ役が分けて配ることや、所属する国民が責任（債務）を負うことによって成り立つとしています。そして、共同体で暮らす人々が共同体（国家）に対する信頼、人々がお互いに信頼し合うことによって貨幣が成り立つのです。

そのようにみていくと、貨幣は実に宗教的なのです。そして縁起を基調に展開する私たちの仏教と非常に相性が良いのです。お金が社会的紐帯（社会の中を結びつける紐）であるということは、経済活動が、無数の信頼関係によって成り立っていることを示します。

通貨を発行する政府と通貨を利用する国民の質によって世の中が大きく変わります。先ず政府も国民も約束を守り真面目に働くことが豊かな経済活動を保証します。お金は無数の貸し借りから成り立つ「縁起（つながり・絆）」なのです。お互いに信頼関係を保つことができれば、お金は良い方向に働きます。

お金が約束事から成り立っていることは現在でも実際に行われていて、現代の管理通貨制度においては、通貨発行のしくみそのものが、「信用貨幣論」を表現しています。誰かが銀行からお金を借りるとき、銀行は借り手をチェックして信用できると判断（与信）したら、銀行は「無」から通帳に記帳するだけでお金を発行します。借り手が銀行にお金を返済した時、お金は「無」に帰します。国家の場合も同様で、政府が国債を発行し、日銀が引き受けて、日銀が「無」からお金を創り出します。お金は貸借関係によって生まれ信用によって成り立つとするのが「信用貨幣論」であり、この通貨発行のしくみを「信用創造」といいます。お金は負債という情報であり、国内の需要によって「無」から発行されます。つまり貸借関係が生じたときにお金は「無」から生まれます。民主制度においては国民の意思によって財政政策がなされ、政府と国民の信頼関係によって流通します。現代の貨幣システムは現実にそのようになっているにもかかわらず、財務官僚をはじめとし政治家やマスコミ、経済学者や評論家など、私たちも含めて多くの人々が誤解しているようです。これが過去30年間の国家衰退の原因なのです。

お金は縁を結ぶための社会的な手段です。本来共同体が永年存続させるために生まれた智恵なのです。

私たち日本人は、民主制の国家に住んでいます。実は私たち国民こそが財政の主権を持っているのです。しかし、過去30年「財政破綻する！」「国の借金が～！」のフレーズにより、日本の財政が危機的であり「増税も仕方がない」と私たちは思い込まされ続けてきました。日本人は、他人のいうことを信じやすい素直な国民性であるが故に、「まさかこんなに偉い人たちが間違えるはずがない、ましてやウソをつくはずはない」と信じてしまいがちです。しかし、現実をみなければなりません。間違いなく政府の間違った経済政策によって引き起こされた国家衰退であり国民貧困化なのです。国家経済は、そこに暮ら

図⑳

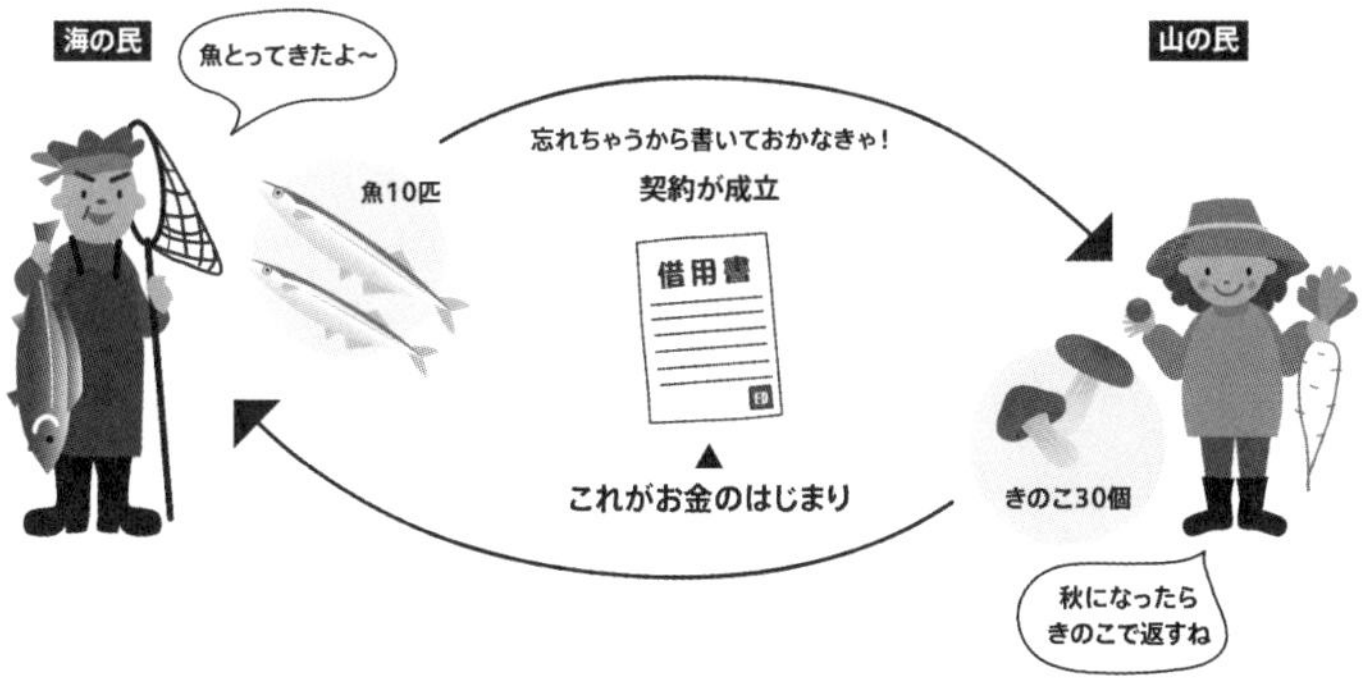
海の民
魚とってきたよ～
山の民
忘れちゃうから書いておかなきゃ！
契約が成立
魚10匹
借用書
▲
これがお金のはじまり
きのこ30個
秋になったら
きのこで返すね

す人々によって成り立っています。どうやら私たちはいつの間にか、現実をよく見て、困っている人がいたら助けるという当たり前のことすらも忘れてしまったようです。

私たちは日本という共同体に暮らし、日本の中で他者や周りの環境に影響を受けながら、いろいろなことを身につけ、道徳的な人格形成がなされてきました。私たちは、他人を思いやる心、そして他者の感情を考慮し、自分の行動が他人に与える影響を思慮できる日本人なのです。お金は本来地域の連帯意識、つまり助け合いの心や他人への配慮や協力する心から生まれました。協力するための約束を記し、約束が果たされれば約束は消えますが、協力の結果が残り、積み重なり、友愛がさらに深まります。お金の誕生から現代にいたるまでお金の本質は何ら変わってはいないのです。（図⑳参照）私たち自身の貪る心がお金の本質をねじ曲げてしまったようです。お金は本来「友愛の証」であり、私たちが国家の中で豊かに暮らすための手段であることを、今一度考えるべきなのでしょう。そして、本来縁（絆）を深めるために発明されたお金の本質を共有することが、多くの日本国民をこの国家という共同体の中で健全に暮らすことができる一助となるはずです。（図⑳参照）

現実に行われているお金の流れ

現代社会は銀行制度が完備されているので、企業の需要があれば「無」から銀行が負債を抱えることによって、お金を創り出し貸し出すことが出来ます。銀行制度があるおかげで、企業はアイデアや収入の見込みさえあれば手元に現金がなくても、銀行が「無」から創造したお金を得て、投資を行うことができます。お金とは負債であり、貸し出しによって創造され、返済によって消されます。

現代資本主義の経済活動においてお金が回るためには、必ず借金をする会社（借り手）がなければならないということです。そしてお金が生まれるその源は、借り手のモノやサービスをつくろうという正当な意思ということができます。もちろん、個々の会社にとって借金は返さなければなりません。

この資本主義におけるお金が回る仕組みは、政府に対する貸し出しに関しても同じようなことが行われています。まずは多くの国民の考えを反映した政府の意思ありきです。政府のこのような国家にしたいという意思に対して、中央銀行が政府に貸し出しを行います。ここで、お金が「無」から創造されます。民間では供給されたお金を儲けるためにどんどん回して利益を得ます。するとお金は増えます。こうやってＧＤＰが増えていくのです。そして政府は、課税によって儲けた民間企業、私たちから一部のお金を回収し、それを中央銀行に返済します。すると、お金は消滅します。財務省やお抱え御用学者はよく、「国債を発行しすぎると、円の信任が下がって、金利が上がり、財政破綻する」と主張しますが、全くの見当違いです。彼らは私たちの預金から国債が発行されているというカンチガイをし続けています。現実には、国債を発行して政府支出をすると、その瞬間に私たちの預金が増えます。そのことは、２０２０年に実行された10万円の特別定額給付金が国債発行で賄われ、私たちの口座に振り込まれて預金が増えたことで証明されています。

日本では中央銀行制度があるおかげで、政府は税収を財源にしなくても、中央銀行が「無」から創造したお金によって支出を行っています。お金とは負債であり、貸し出しによって創造され、返済によって消滅します。すなわち、政府が国債を発行して債務を負うことは、お金を「無」から創り出すことなのです。そして、政府が税収によって債務を返済することでお金を消すのです。これが現代の資本主義経済で実際に行われているお金の流れなのです。時系列でみても税金は財政支出の原資（財源）にはなり得ません。政府は年末に次年度予算を決定します。その予算に応じて政府は、4月から先に国債・国庫短期証券を発行し、日銀当座預金を調達し、支出します。

このことからも分かるように、2月～3月に行われている確定申告で得られる所得税を財源にしているのではありません。もちろん法人税の収入を財源にしているのでもありません。税収は前年度発行された国債・短期証券の償却財源にはなり得ますが、社会保障支出、防衛支出、公共事業、地方交付税交付金、科学技術、教育、ありとあらゆる政府支出は、先になされています。

政府支出は徴税より先であることをスペンディング・ファーストといいます。これは現

実に行われているお金の流れであり、この流れが公共サービスや事業に税金が使われていないことを示しています。そして、ここから通貨発行権と徴税権をもつ政府の役割が見えてくるのです。

現在のように、国民を苦しめ企業を倒産させ国家を衰退させるような税の徴収はありえません。前述したように、需要によって貸し出しが行われる時に「無」からお金が創造されるのは民間でも政府でも同じです。ただし、民間銀行が企業に貸出を行う場合は企業の返済能力を審査します。企業は業績不振で返済が滞ったり、倒産で不渡りになったりする可能性があるからです。それに対して、政府は強制的に税を徴収する権限を有しているため、確実な返済能力をもっています。**実際には借換債つまり国債を発行することによって償却しているので返していませんが、国が消滅でもしない限り返済能力がなくなることはありません。**

しかも日本政府の場合は１００％自国通貨建ての国債です。自分でお金を創って自分に返すわけですから、どうやって破綻するのでしょう。

また、借金によって「無」から創造されたお金は返済によって消滅するため、理論上すべての企業や政府が負債を返済すると、お金はなくなって経済が回らなくなってしまいます。したがって、お金が回るためには負債がなければならず、負債があるのが正常な状態なのです。これは現代資本主義経済の基本です。特にデフォルト（債務不履行）に陥る心配のない政府は、不景気の時（総需要が潜在供給能力に足りていないデフレ期）にこそ政府の負債を適正に増やして支出し、民間にお金を回すという役割を本来果たさなければならないのです。２０２３年1月以来、防衛費を増額するにあたって財源をどうするか、増税か否かについて議論がなされています。１００兆円にせまるコロナ関連予算を計上するにあたって増税の議論がなされなかったのに、なぜ防衛費で増税の議論がされるのかは政治的な思惑によるものでしょう。しかしそれ以前に、税金が財源であるという前提での議論はまったく的外れであることがわかります。

産業革命以前の銀行制度が完備されていない封建時代であれば、政府が国民から財源としてお金を集めて政府支出をすることもありました。しかし、現代は銀行制度が完備し、政府は中央銀行から財源として「無」からお金を創り出し政府支出によって支出・投資することが出来、国家を発展させることができるのです。

政治家の果たすべき最低限の責任は、資本主義やお金について正しく理解して状況を踏まえた経済対策を打つことのはずです。そして私たち国民もお金の正体と流れを理解すると、世の中のしくみがよく見えてきます。そして、なぜ政府が経済政策をこんなにも間違えてしまうのかもわかるのです。

ここで、実際に行われているお金の流れを、人体を使って考えてみましょう。通貨発行と税金の役割とは何なのでしょうか？　ここに、国家を人体に例えて栄養（お金）が回る仕組みを表したイラストがあります。（図㉑参照）

先ず政府が需要を満たすため国債を発行して政府支出をします。銀行は国家の心臓でありポンプ役です。そのお金は血液となり栄養となって、各々の器官（企業）や家計を巡り、企業は活発に働きます。企業が得た利益から人々は給与をもらい、さらにそのお金でモノやサービスを買うことによって、身体（国家）が活発になります。人々がモノやサービスを買う力（筋肉）が強ければ、企業は儲けを目指して設備投資や人材投資をします。経済の心臓である銀行は信用創造によって「無」からお金を創り出し企業や家計に貸し出し、体に栄養を与えます。すると私たちの預金が増えます。そして企業はますます活発になり、そこで働く人々の力も漲ってきます。私たちのモノやサービスを買う力（需要）が経済を引っ張っていくのです。

通貨発行権を持と徴税権をもつ政府は、法律や税制によって、なるべく血液（お金）が

図㉑

国家を人体にたとえた時のお金の流れ

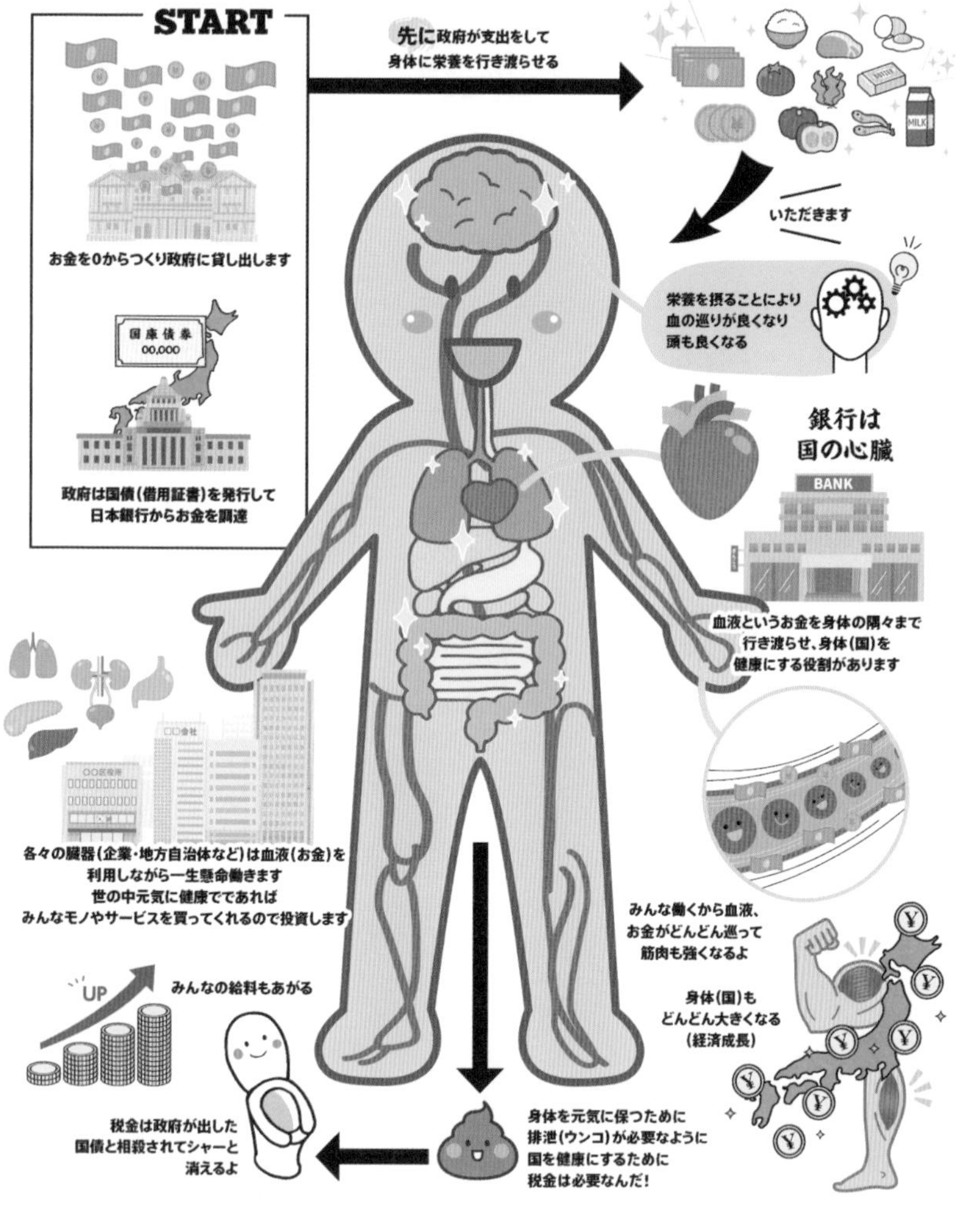
START
お金を0からつくり政府に貸し出します
国庫債券
00,000
政府は国債(借用証書)を発行して
日本銀行からお金を調達
先に政府が支出をして
身体に栄養を行き渡らせる
MILK
いただきます
栄養を摂ることにより
血の巡りが良くなり
頭も良くなる
銀行は
国の心臓
BANK
血液というお金を身体の隅々まで
行き渡らせ、身体(国)を
健康にする役割があります
○○区役所
□□会社
各々の臓器(企業・地方自治体など)は血液(お金)を
利用しながら一生懸命働きます
世の中元気に健康でであれば
みんなモノやサービスを買ってくれるので投資します
みんな働くから血液、
お金がどんどん巡って
筋肉も強くなるよ
身体(国)も
どんどん大きくなる
(経済成長)
UP
みんなの給料もあがる
身体を元気に保つために
排泄(ウンコ)が必要なように
国を健康にするために
税金は必要なんだ!
税金は政府が出した
国債と相殺されてシャーと
消えるよ

隅々まで行き渡るよう力強く適切に稼働しなければなりません。しかし、栄養が過剰であったり（過度のインフレ）、大きい器官（大企業）の一部にだけに栄養（お金）が集中すると身体（国家）の健康が損なわれます。そこで税金（排泄の手段）が登場します。栄養（お金）が過剰なところから税金を徴収し、お金という情報を消す（排泄）ことによって、身体（国家）の血（お金）の巡りをよくすることができます。先ず私たちが知るべきことは、政府支出が先であり、税金を納めるのが後であることです。そして税金の役割は、人体における排泄の役割のように、世の中のお金の流れを健全に調整することにあります。税金は入口ではなく出口、決して財源でないのです。

過去30年の日本を人体になぞらえた図があります。（図㉒参照）

政府は徴税より先にお金を使い公共のサービスや事業を行います。銀行は、身体中に血液（お金）を流す心臓（ポンプ役）のようなものです。しかし、「財政破綻する！」「子々孫々にツケを残してはいけない」等の意図的なデマにより、政府は適正にお金を使わず、人体（国家）に十分な栄養（お金）を供給しませんでした。

諸器官（企業や家計）は景気が悪ければ銀行からお金を借りません。ポンプ役の心臓（銀行）がうまく働かなければ、身体の隅々まで血液が行き渡らないので身体に不調を来すように、社会全体にお金が行き渡らなければ社会が不調になります。

しかも栄養が足りてないのに消費税増税や社会保険料の値上げを断行しました。これは空腹な人や栄養失調患者に「もっと排泄しろ」とばかりに下剤を飲ませているようなものです。国民の消費意欲が萎えれば、需要がますます減退します。モノやサービスが売れなければ、企業は生産活動を減らすしかなく、新たな設備投資や人材投資を控えます。

その結果、生産能力や技術力も衰退します。身体でいえば筋肉が衰えゲッソリな感じです。

当然利益が減り、従業員の給料も減るか解雇に至ります。ますます国民は貧困化し、モノやサービスを買う余裕がなくなります。少子化の原因は、若い人たちの貧困化による非婚化であり、それを助長したのが日本政府による緊縮財政なのです。

栄養（国家予算）を減らされ、人体（国家）はどんどん縮み、消費税増税や社会保険料などの隠れ負担増で国民の心も縮み、会社の能力も縮み、教育も科学技術も医療も安全安心も縮んでいます。

デフレ期においても、政府が適正にお金を使わない、そして下剤（増税）を飲ませ、血（お金）の巡りが悪くなりつづけた、そんな過去30年間だったのです。

政府はお金の「供給者」であって「利用者」ではありません。お金を「無」から生み出せる政府が徴税を行うのは景気や社会の調整手段であり財源目当てではありません。まったく真逆の間違えた発想から「財政健全化」(国際標準から見ると日本は財政健全化されている)を御旗に、次々財務省の省是である増税を仕掛けて前近代国家の領主のように多くの国民を苦しめているのです。通貨発行権と徴税権という絶大な権力をもつ政府、その存在意義は何なのでしょうか。

それは、国民が安全安心して暮らせるよう適切な予算を決めて民間にお金を供給し、一部のみにお金が偏ることなく隅々までお金が上手に回るようにしながら経済を良くする、それによって国民を豊かにすることではないでしょうか。

つまり、「経世済民」(世を治め民を救う)を実現することにほかなりません。しかし私は、多くの財政健全化を主張する政治家が、政府支出の国家に与える影響すら理解していないのではないかと疑っています。財政支出のGDPに占める割合は約4分の1です。

しかも先に支出してアクセルを踏むのです。これは足し算であり、財政支出した分必ず経済成長します。しかも乗数効果といって、支出の2倍から3倍はGDPを押し上げます。これは単純な足し算です。足し算もよく理解していない政治家だから、路頭に迷う

図㉒

過去30年の日本(不景気・デフレ)

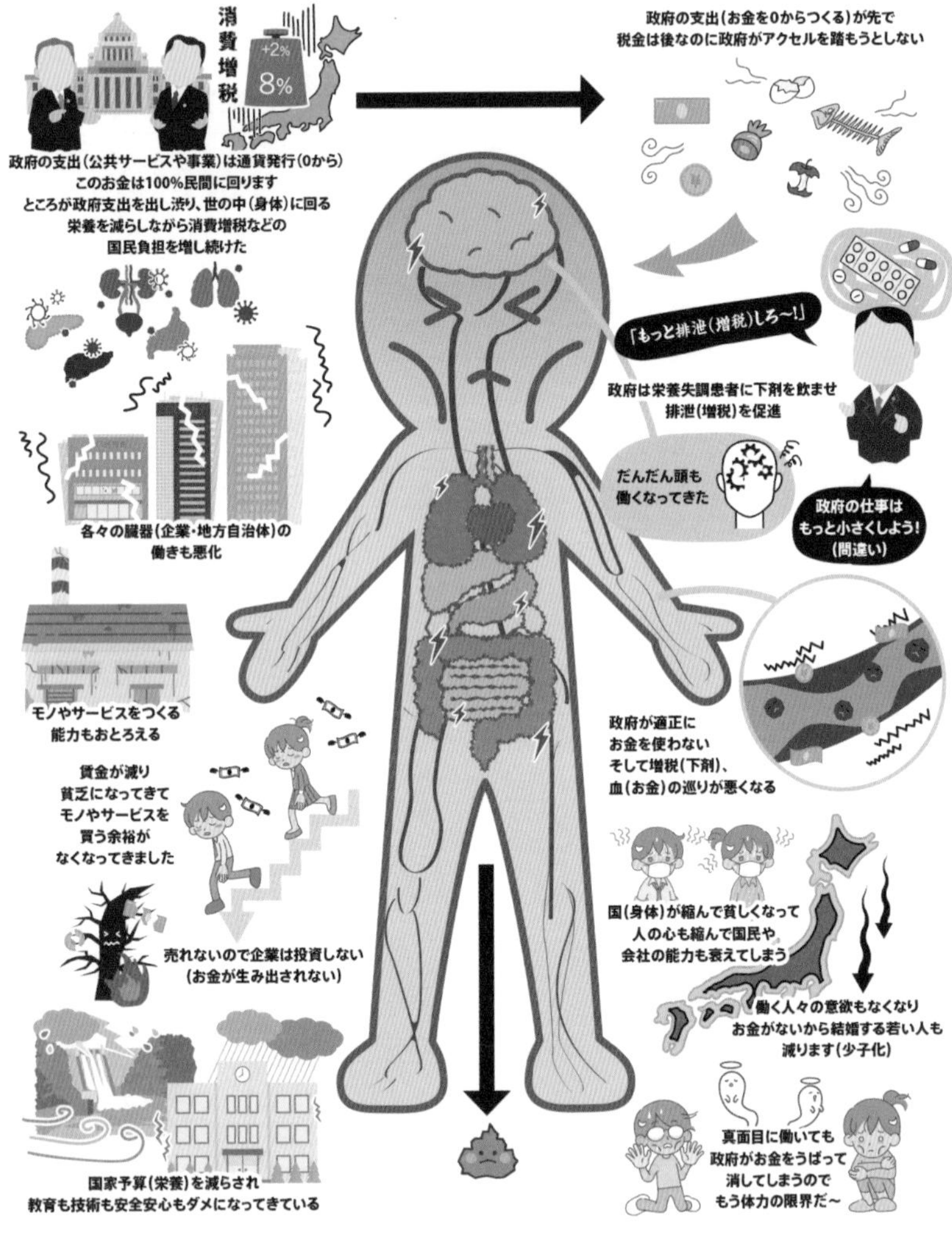

消費増税
+2%
8%
政府の支出(公共サービスや事業)は通貨発行(0から)
このお金は100%民間に回ります
ところが政府支出を出し渋り、世の中(身体)に回る
栄養を減らしながら消費増税などの
国民負担を増し続けた
政府の支出(お金を0からつくる)が先で
税金は後なのに政府がアクセルを踏もうとしない
「もっと排泄(増税)しろ～!」
政府は栄養失調患者に下剤を飲ませ
排泄(増税)を促進
だんだん頭も
働くなってきた
政府の仕事は
もっと小さくしよう!
(間違い)
各々の臓器(企業・地方自治体)の
働きも悪化
モノやサービスをつくる
能力もおとろえる
政府が適正に
お金を使わない
そして増税(下剤)、
血(お金)の巡りが悪くなる
賃金が減り
貧乏になってきて
モノやサービスを
買う余裕が
なくなってきました
国(身体)が縮んで貧しくなって
人の心も縮んで国民や
会社の能力も衰えてしまう
売れないので企業は投資しない
(お金が生み出されない)
働く人々の意欲もなくなり
お金がないから結婚する若い人も
減ります(少子化)
真面目に働いても
政府がお金をうばって
消してしまうので
もう体力の限界だ～
国家予算(栄養)を減らされ
教育も技術も安全安心もダメになってきている

人々を「自己責任」という言葉で叱咤するわけです。この考え方は子供たちにも浸透して、勝ち組と負け組・上流と下流に分断され、陰湿なイジメを誘発しているようです。恐ろしい世の中になってきました。

現実のお金の流れは川の流れのように上流から下流に流れています。これが自然なのに、政府や私たちが習ってきたお金の流れは下流から上流に流しているのです。まったく逆であり不自然です。不自然さに凝り固まって現実を見ないと、なるほど物事悪い方に進んでしまうんだなぁ、と気づきます。

政府の意思によって「経世済民」を実現させるために、自国通貨建てで変動相場制を採用している供給能力のある国家であれば、どんどん財政支出を行い民間にお金を行き渡らせることが可能です。国家予算の制約は、国民のモノやサービスを供給する能力が需要を下回った場合の価格上昇、つまりインフレ率です。先進国ではインフレ率が２〜４％の経済が健全な状態とされており、財政支出はインフレ率が高くなりすぎないように制限されなければなりません。

令和５年11月現在は、コストプッシュ型インフレと言って、外国での戦争・紛争によるエネルギー価格の高騰や食糧価格の上昇などの外からの要因によって強制的な物価上昇でありしかも賃金が上がらない状況です。

そのような場合は経済政策も少し異なりますが、基本的にデフレが続いているといっていいでしょう。しかし、お金の流れを真逆に捉えてしまい、カンチガイから税収の額面が国家予算の制約となっているのが日本政府の現状です。

この間違いが経済成長を阻害し、強者のみにお金が回るしくみを助長し、多くの国民が苦しめているのです。

今の日本では、政府による社会破壊が進められていると言っても過言ではありません。経済人類学・経済史の大家であるカール・ポランニー（1886〜1964年）は、「市場経済による社会の破壊があまりにも激しくなると、社会はこれに対抗して自らを防衛しようとし、過剰に結束し、暴走する。それがイタリアのファシズムやドイツのナチズムとなって現れた」と説いています。歴史は私たちに教えてくれます。私はそうならないよう祈るばかりです。

貪《とん》・瞋《じん》・痴《ち》

私は説法をするとき、最初信者さんに実践していただくこととして「貪瞋痴の三毒から離れましょう」と説きます。この「貪瞋痴」とは、人間のもつ根元的な3つの悪徳のことです。自分の好むものをむさぼり求める貪欲、自分の嫌いなものを憎み嫌悪する瞋恚《しんい》、現実を観ないため本質がつかめないため、ものごとに的確な判断が下せずに迷い惑う愚痴の3つで、人の心を毒するから三毒といわれます。

三毒はすべての人々の心にあり、私たちの社会を脅かす原因になります私はよく法話の時に、「三毒を100消すことは無理でも、意識的に50や20にすることはできる。そうすると自分が楽になり、周り人も楽になりますよ。なぜなら私たちの心はお互いにつながっているからです」と話します。

私たちは本来無一物、この世に生まれたとき、その心は真っ白な状態で生まれてきます。ところが、大人になるにつれていろいろな知識や智恵を身につけますが、同時に欲望や執着心も身に纏ってしまうのです。

「貪瞋痴」の三つの毒は、私たちお互いの信頼関係を壊します。コミュニティの信頼が壊れたとき、私たちはそのコミュニティ、大きくいえば国家を存続させることができなくなってしまうのです。政府の緊縮財政によるデフレ不況は、本来縁を結ぶためのお金を、縁を破壊する方向へと導きます。（図㉓参照）

どうやら私たちは、お金についてのカンチガイから「貪瞋痴の世界」に突入しているようなのです。多くのエリートたちが、現実をみないため、そして貨幣観を間違えているために、経済政策を間違えています。よい結果が出ず、ひたすら30年間国家が衰退しているにもかかわらず、それを検証しようともせずに頑なにいままでやってきた失敗を繰り返そうとしています。昭和恐慌の時と違い、現在はあらゆるデータが出そろっています。しかし間違いを間違いと認められずにそれを無視する態度は「痴」なのです。なんとかその場をしのげばよいと考え、無知からウソを重ね、ばれればそのウソに上塗りをする。それも通用しなくなると今度は権力をむやみに乱用する。そんなことをやっていけば国家が衰退するのも当たり前な事なのです。

民間の会社は儲けるために存在します。儲けることは良いことであり構わないのですが、人の心を失い、儲けるためには何でもありという会社は長続きしません。長続きするわけがない。会社では多くの社員が「忙しい、忙しい」と言って仕事に勤しんでいます。忙し

図㉓

貪瞋痴《トンジンチ》が蔓延する世の中（政治のカンチガイが社会を壊す）

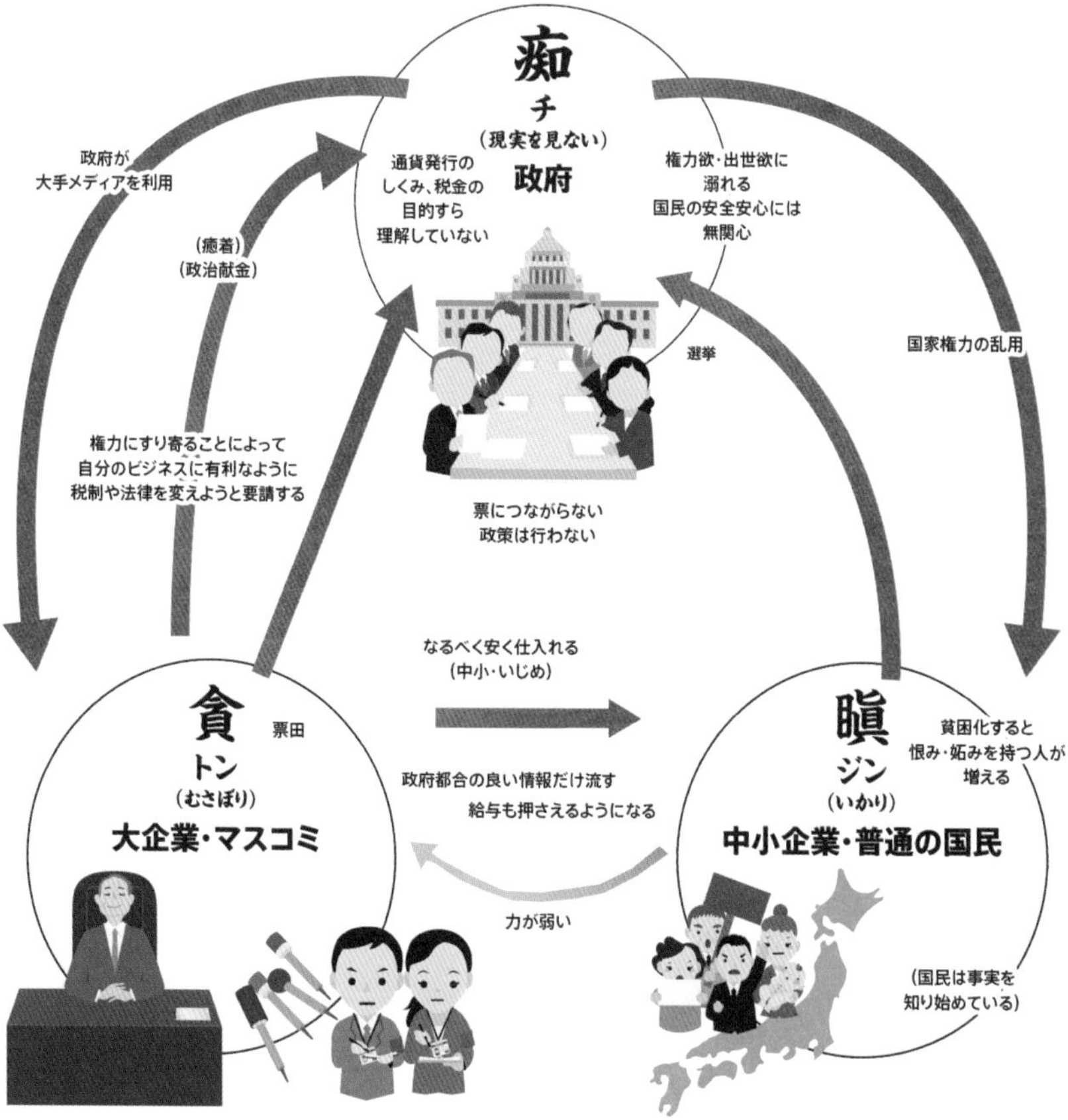
痴
チ
（現実を見ない）
政府
通貨発行の
しくみ、税金の
目的すら
理解していない
権力欲・出世欲に
溺れる
国民の安全安心には
無関心
政府が
大手メディアを利用
（癒着）
（政治献金）
権力にすり寄ることによって
自分のビジネスに有利なように
税制や法律を変えようと要請する
選挙
国家権力の乱用
票につながらない
政策は行わない
なるべく安く仕入れる
（中小・いじめ）
貪
トン
（むさぼり）
大企業・マスコミ
票田
政府都合の良い情報だけ流す
給与も押さえるようになる
力が弱い
瞋
ジン
（いかり）
中小企業・普通の国民
貧困化すると
恨み・妬みを持つ人が
増える
（国民は事実を
知り始めている）

いとは「心を亡くした状態」です。利益を上げることだけに専心してしまうと、いつしか「今だけ・カネだけ・自分だけ」になってしまい、他人のことなんか構っていられないとばかりに行動するようになります。

自分で考え、主体性をもって行動することができなくなるのです。

そうすると、手段を選ばずにお金だけを求めるマシンになってしまうのでしょう。心を亡くした人は権力や名誉に目が眩むようです。この状態が「貪」です。その貪に取りつかれた資本家が、お金でもって政府と結びつき法律や税制まで大企業に有利なように変えてしまいました。

カンチガイした政府からは意味のない増税を押し付けられ、大きな企業から厳しく対応される弱い立場の中小企業。そこに働く方は、安定した収入も得られず、低賃金で働かされていることが社会問題になっています。こんなことが30年間続けられ、もはや私たち一般人は青息吐息なのです。

「衣食住足りて礼節を知る」とありますが、今や基本的人権である「衣食住」ですらままならない家庭が増えているのです。そうなると、お金持ちや成功者に対して嫉妬心を抱きます。このことをルサンチマンといいます。この心が「瞋《じん》」です。これが膨らむと国民同士の分断が進み争いの絶えない世の中になってしまいます。

和尚から見ると、この3つの毒が蔓延してしまうと、将来世の中がとんでもない方向に行ってしまうのではないかと危惧するばかりです。私たちの心の中には必ず「貪瞋痴」の3つの毒が潜んでいます。だからこそ、時に心を落ち着かせるために自然に触れたり、座禅瞑想をしたり、家族や仲間と楽しい時間を過ごし、心にこびり付いたゴミをクリーニングすることが大切なのです。そして政府です。あなたたちが世の中の害になっている現実をみて勉強し、国民の方を向いて「経世在民」を行わないと、とんでもないことが起こりますよ。

智《ち》・情《じょう》・意《い》

日本資本主義の父と言われる渋沢栄一は、著書「論語と算盤」の中で、常識についてこのように語っています。「事に当たって、とっぴなことをせず、ガンコになりすぎず、ものごとの是非・善悪を見分け、利害・特質を識別し、言語と挙動がすべて『中庸』に適っているものとし、そのためには智・情・意の3つをバランス良く身につけなければならない」と。そして、「普通の人の気持ちをよくわかっていて、世の中の仕組みや習わしにも通じていて、状況に応じた取り計らいができる能力」としています。私は、コロナ禍においてでさえも的確な判断をできないエリートといわれる人々に欠けているのが、この「智・情・意」であると思っています。

明らかに現代の貨幣の仕組みを理解せずに、固定観念からお金はモノであると信じ、経済政策を間違えてしまった。しかし認めることができず正そうともしない彼らに、「智」はあるのでしょうか？　同じ枠組みの中で机上の空論を信奉する彼らには、世の中の仕組みや習わしなどとてもわからないのでしょう。

ましてや多くの国民が苦しんでいる現状を救おうという「情け」すらないのかもしれません。そして、私には彼らの中から、未来に向けてどのような国家にしたいのかという意思がまったく見えてこないのです。

お金は情報であり、お金は数字に表れた「国家の意思そのもの」です。そして、お金は世の中を廻り、約束事をつなぐための情報、つまり縁なのです。通貨発行権をもつ政府が間違えると、その犠牲者の多くは国民になってしまいます。縁結びのお金をカンチガイから縁壊しの道具にしてしまいました。政府の仕事は、国民が豊かで安全安心に暮らしていけるよう、財政政策を使って国家を先導することのはずです。ところがカンチガイから増税で国民を苦しめ、カンチガイからくる緊縮財政を継続することによって格差を拡大させています。

政府が安全安心に暮らしている私たちの生活をも破壊しようという、不思議なことが今日本で起こっているのです。過去30年間の過ちを繰り返すのではなく、私たちは今一度本来の政府の役割について深く考えるべきでしょう。そして間違っていればちゃんと指摘する、この当たり前のことを取り戻さなければなりません。

故宮脇昭先生

植物生態学者の宮脇昭先生は、よく、「現場、現場、現場!!」と連呼されました。徹底した現場主義です。私は東日本大震災後の津波被災地植生調査に同行しましたが、「道隆さん、先ず現場が大切です。直接現場に行って、自分の身体を使って、目で見て、耳で聴き、においを嗅いで、触って感じ、舐めて、見えないものをみる、そして判断する。そうすると自然の微かな予兆を感じることができます。自然は生きています。自分の五感を信じて徹底的に現場で感じることが大切です」とおっしゃっていました。そして、「日本のインテリは、あれも駄目、これも駄目と引き算しかしないから、結局良い取り組みができなくなってしまった」とも。「なにか問題が起こればすぐ現場に行って、五感をフル活用して感じ、その問題に取り組みなさい。まずやってみること、失敗したら少し方向を変えるなり、また考えるなりして、また実行すればよい。やらなきゃ何もできない。3歩前進、1歩後退、まずは現場、現場、現場!! なにをやるにも人が大切です。人間の持つ潜在能力をフルに活用しなさい。人、人、人なんです」とおっしゃいます。おもしろい先生でした。

国家経済は生き物です。私たちは感情を持った人間です。机上の空論だけで物事を決めてはいけないのです。国民の喜び、悲しみ、苦しみを受け入れて、政策決定が成されなければなりません。人間はどうしても今起こっている現象のみを見てしまい、その起こっている事象の根本原因を無視する傾向がときとしてあります。

そして、わからないこと、見えないことを素通りしてしまいます。世の中は常に動いています。私たちの意思が世の中を動かしているといっていいのです。お金が世の中を動かしているのではなく、私たちの意思がお金を動かすことによって世の中を動かしています。

お金と経済のしくみを理解すれば、おおまかな国家経済の予測はできます。政府支出は

GDP（国内総生産）の約4分の一を占めます。ここがアクセルを踏めば経済成長できるのです。これは小学生が習う足し算であり道理です。たとえば政府の支出を10兆円増やせば必ず最低10兆円の経済成長をします。そのお金は民間を巡り、それ以上の経済成長を達成できます。これを乗数効果と言います。この道理を知り智恵を働かせて現実を見る。そして情愛をもって困っている人々に寄り添う。強い意志をもって正しいことを実践する。

しかし、「智・情・意」のどれ一つも欠けてはいけないのです。智恵だけが働くと、人間どうしても傲慢になります。そして自分だけが正しいとカンチガイしてしまい、どうしても道徳や仁義から遠ざかり、欺瞞や詐術に流れてしまいます。情愛だけが強くても、よく「情に流される」と言いますが、正しい判断ができなくなります。しかし、薄情という言葉があるように、情が薄いと、自分の利益のみ追求し、他人がどうなっても気にかけません。情愛は物事を解決に導く緩和剤として働くのです。お互いに情をもって少し我慢する、これが世の中を調和させるコツなのです。強固な意志は、生きていくうえで大切です。しかし、そこに智恵や情愛にかけるとただの頑固者になってしまいます。世の中の変化についていけず、根拠のない自信だけで、間違っていても正そうとせず我を押し通すようになります。

まるで今の政府みたいですね。肝心なのはバランスなのです。「智・情・意」の3つがうまく働いたとき全体が調和します。

自然の森は不思議なことに全体として絶妙なバランスを保ちながら永年存続しています。自然の森は「智・情・意」を身に着けているのではないかと思うのです。だからこそ、自然に触れて、自分の身体を使って五感をフルに活用し、自然の道理から学ぶ姿勢が大切なのではないでしょうか。人間も自然も不確実であることが確実なのです。そこを前提に物事を柔軟にとらえることを忘れてはいけません。宮脇昭先生は常々、「安全安心ある社会、そして精神的にも豊かな日本を取り戻すため、〝ふるさとの木によるふるさとの森づくり〟を国家プロジェクトにしましょう」、とおっしゃっていました。

ふるさとの森と共生した多様性ある社会の実現を子どもたちにプレゼントするために私たちがするべきこととはいっぱいあるのです。

衆生済度と経世済民

日本国政府から私たち日本人の生命と財産、そして心を守らなければならない！　まさかそんな時代が来るとは想像もしていませんでした。和尚の私も平和ボケした一人だったのです。主な原因は、多くの政府要人たちのお金についての認識が、現実に行われているお金の通貨発行や徴税の意味と大きくかけ離れていることです。財務省をはじめ、多くの国会議員、主流派経済学者、マスコミ、経済評論家、そして私たち国民も、「正しいお金と経済のしくみ」を理解している人はほとんどいません。まあ普通の国民は自分の仕事に手いっぱいで経済について考える時間もありませんが。それが過去30年間の日本衰退の主因であると断言できます。

日本が過去30年間デフレ基調でひたすら衰退してきた原因は、主に経済政策の失敗にあります。過去に国家をリードしてきた主流派経済学の間違いが明らかになったにもかかわらず、現実を理解できないのか、間違いを認めようとも検証しようともせず、あろうことか隠そうとしている節も見え隠れしています。いわゆるエリートといわれる方々が頑なに今までの現実から離れた理屈に固執し、それに対する新しい考えを拒絶し、経済政策を正そうとしません。そのことで多くの国民が苦しみ、時には死に至らしめられているのが、衰退し続けている日本の現状です。

政府が政治本来の目的を忘れ、ひたすら手段を目的化してしまい、本来あるべき姿から真逆の方向に舵を切り続けています。そもそも政治の目的とは何でしょう? その国家の国民が真面目に働けば、普通に安全で安定した生活を送れるよう考えて実行することではないでしょうか。そこには政府と国民の間の信頼関係が必要なのです。

福沢諭吉が英語のeconomy(economics)を経済(経済学)と和訳しましたが、その経済という言葉は、「経世済民」を簡略したものです。経世済民とは、「世を経(おさ)め、民の苦しみを済(すく)うこと」です。中国の古典、隋の時代の王通『文中子』礼楽篇に、「皆有経済之道、謂経世済民」とあり、経済が経世済民の略語として用いられてきました。日本では江戸時代中期の『経済録』(太宰春台著)に、「天下国家を治むるを経済と云、世を経め民を済ふ義なり」とあります。

政治の目的は「経世済民」つまり経済(国を治め苦しみから民を救う)を実践することです。それを実現するために私たち国民が選んだ議員が審議を重ね、国民の安全安心を保つためにさまざまな手段を講じ、「経世済民」を実行するのです。

しかし今、はたして政治の目的が国家(政府)の中で共有されているのか、はなはだ疑わしい。しかも今ではパー券裏金問題を機に醜い権力闘争に明け暮れている。なぜ政府はこんなにも間違えてしまうのでしょうか? それは、政府が間違った見方でお金ばかりを見て、国民の生活を見ていないことからきています。政府は本来、国民のためにより良い社会をつくろうとするはずです。しかし現在真逆のことばかりしています。より悪い社会をつくり国民を貧しくしているのです。お金は、お互いを支え合うための「約束事」であり、互いが信頼し合っているからこそ生きるものです。お互いに働いて支え合うことをつなげる絆なのです。

仏教に「衆生済度」（しゅじょうさいど）という言葉があります。仏や菩薩が、この世で迷っている衆生を苦しみから救い出して、悟りの世界へ導くことです。「衆生」は生きとし生けるものすべてであり、済はすくう、度はわたすという意味で、「済度」とは皆を救い出して極楽の彼岸に救い渡すことです。仏教の最終目的は「衆生済度」であり、仏教を実践する和尚の立場からみると、「衆生済度」は「経世済民」と同じ意味なのです。

お寺を引き継ぐということは、歴代住職が遺してきた思想を引き継ぐことです。私たちは先人たちが遺してくれたものや智恵を土台にしながら今を生きる存在です。そしてそれらを如何にしてより良い方向にして次世代に引き継いで行くのかを考え実践することが今を生きる私たちの存在価値であり、仏の教えの根本にあります。だからこそ私たちは先人たちが苦労して成し遂げてきた世の中や、私という存在をつくってくれたご先祖に感謝しなければならない。そしてそれらすべてを土台にして活かしながら今を生き、より良いものを未来に引き継いで行かなければなりません。これが時系列で考える「縁起に生きる」ということであり、歴代の仏様やご先祖様を大切にして感謝しなければならないと考える仏教の根本思想です。

歴史ある伝統文化を大切にしながら地域の核となるお寺を運営し、衆生済度を目的にしている和尚の私からみると、日本政府がまるで真逆の政策を行っていることに、日本人として大変驚くのです。

先に政治の目的は経世済民であると申し上げましたが現今の政府は、政治本来の目的を逸脱し、ひたすら手段である「財政健全化」を振りかざして、不景気にもかかわらず不景気をもっと助長する増税を繰り返し、もっと不景気になっても「財源がないから」といってまた増税をするという愚行を繰り返し、過去30年間ここまで日本を衰退させました。

もはや「破世滅民」（世を破壊し民を滅ぼす）といってもおかしくないでしょう。

「ヒューマニズムを喪失した政治」

政府が国家を運営するにあたり、その根拠の一つとしているのが経済学です。財務省に財政についてのアドバイスをする偉い経済学者（いわゆる御用学者）は、いわゆる主流といわれる経済学の学者です。彼らが推進する経済学に「人」は存在しません。すべての人間を完璧な経済人と捉え、行動パターンは誰もがいっしょであると捉えます。労働者もパターン化されたモノです。しかし、人間は十人十色であり皆違います。人の行動パターンは全員違うのです。なぜなら人は恋愛もしますし、喜び楽しみを享受し、住む場所によって宗教も伝統文化も違います。勉強のできる人できない人、食べ物の好み、全部違います。それを一律に捉えて経済学を成り立たせていること自体がそもそもおかしいのです。人の存在しない経済学を現実に当てはめてしまうこと自体が矛盾なのです。しかも、主流といわれる経済学者は、現代の貨幣についての仕組みすら理解していなかったことが明らかになっています。ベースとなる貨幣観が事実と違えば、事実にもとづいた政策を間違えてしまうのは当然の帰結なのです。しかも、その現実を見ない貨幣観の間違えた経済学を私たちの社会に無理矢理当てはめて、敢えて社会全体を変えようとしている気配さえ感じ

図㉔

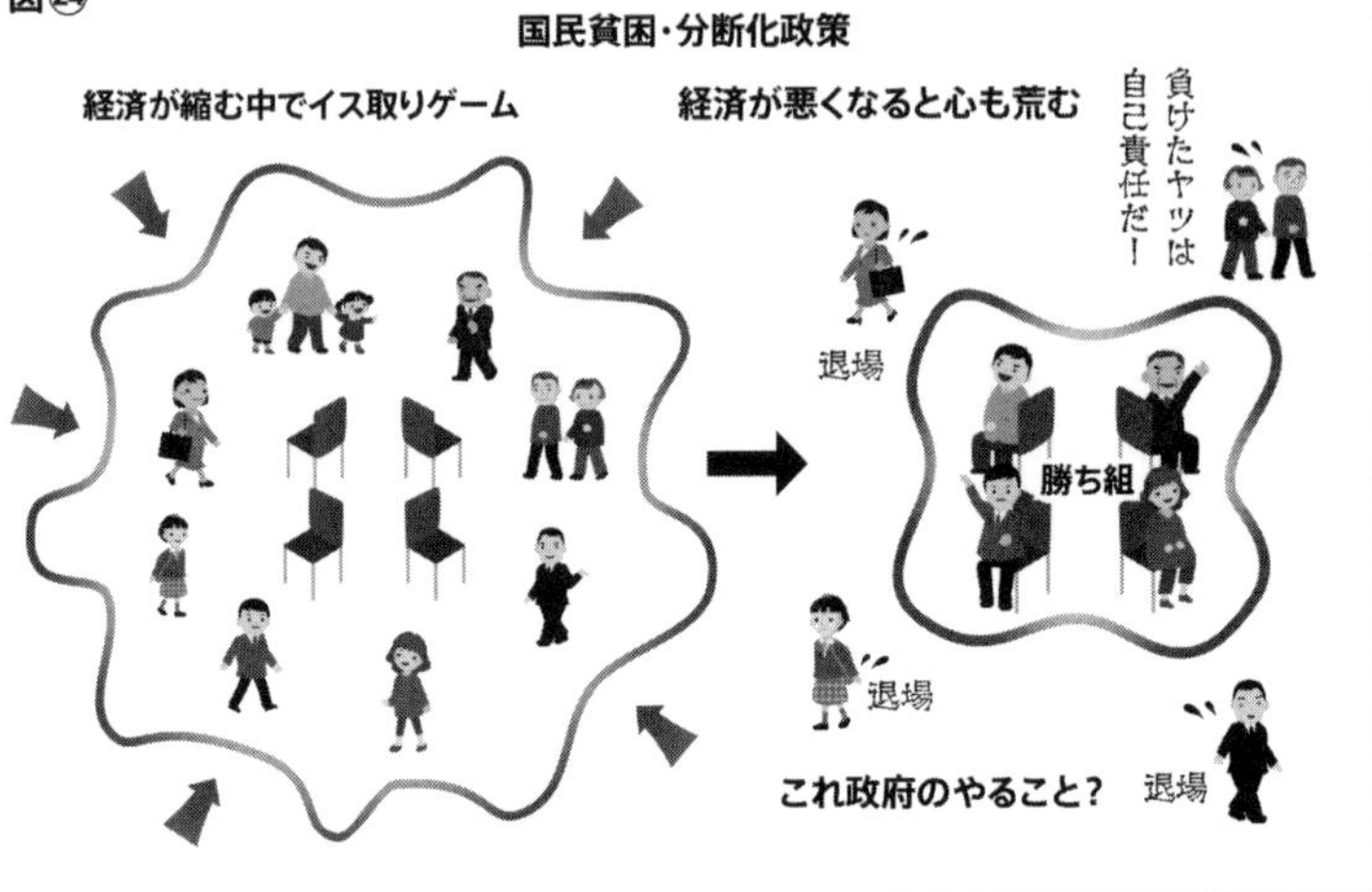
国民貧困・分断化政策
経済が縮む中でイス取りゲーム
経済が悪くなると心も荒む
負けたヤツは自己責任だ！
退場
勝ち組
退場
これ政府のやること？
退場

させます。

人を見ない経済学に支配された世の中は本当に怖い。

まず心のない人間性を喪失しマシーンと化したエリートたちが、「これが正しい」と、間違っていてもなんでも確信したら、その方向に徹底的に動きます。間違えていてもなんでも目標に達するため手段を選ばずに時にはウソをつき、人が死のうと何だろうと目標達成のために何でもするのです。政府がお金を切り詰めることによって、お金が廻らないようにして国民に圧力をかける。国民は単なる労働力としてモノとして扱われる。（図㉔参照）資本家と手を組んで、雇用形態の流動化と称していつでも働く人の首を切りやすい方向にもっていく。小さな政府を目指し役割を放棄し、国家として意思のない政治が行われ、その結果無気力な国民が増産される。悪い政治家にとって国民の無気力は大歓迎なのです。なぜなら奴隷として統治しやすいからです。彼らにとって怖いのは、私たち庶民が考える力を身につけることです。

私たちはみんなつながっています。

そのつながりを生かすも殺すも私たちの意思次第なのです。過度な競争社会は国民の分断を招くし、潤いのない社会になってしまいます。（図㉔参照）今の政治に欠けているのは人としての優しさであり温かさです。私たちは長所も短所も持ち合わせ、感情を持った人間なのです。政治は経済を通して世の中をつくる先導に立っているのです。その過程で間違ってしまうこともあるでしょう。しかし、もう30年間失敗を重ねればいい加減わかってきたはずです。多くの官僚や政治家は、デビューするときには、何とかして自分の住む日本をよくしようと志したはずです。「経世済民」が経済のベースなのです。ここまで落ちた今は過渡期です。私たち国民が基本に立ち返り「正しいお金と経済のしくみ」を学べば、約束を守り、勤勉な国民の多い日本国は再生できるし、より素晴らしい国になるはずです。

和尚にとって「経世済民」すなわち経済は「衆生済度」なのです。

閑話休題　友人O君との会話

高校時代の友人O君と久しぶりに酒を酌み交わしました。

そこで財政政策の話になりました。

O君「最近おまえ、財政問題についていろいろ書いているみたいだけど、しかもYouTubeで三橋貴明さんや森井じゅんさん、安藤裕元衆議院議員なんかと対談しているみたいだけど、がんばっているねー。でもオレにはなんかピンとこないんだよなー。だって日本の国家予算には制約がないって言うんだろ、それっておかしくね？」どうやら誰か経済評論家の論評を読んできたらしい。

私「別に制約がないとは言ってないよ。ただ政府には無限に国債を発行してお金を創り出す能力はある。制約は日本国民がモノやサービスを供給できる能力だよ。つまりインフレ率。先進国だとだいたい2-4%が適正だと言われているんだ」

O君「おまえ、そんなお金を創り出すって、そんなことできるはずないだろう。なにを言っているんだ」

どうやら彼の頭の中では壱万円札がグルグル廻っているらしいことがわかるのです。つまりお金はモノであって、モノ＝制限がある、ということです。例えば、政府が壱万円を支出するときに、どこかから壱万円を調達しなければならないと信じ込んでいるのです。これは主流と言われる経済学者や財務省、マスコミ、経済評論家、緊縮したい政治家が言っていることですが、現実は全く違います。そこで

私「お金って数字という情報であって、発行体つまり日本政府の証明があればお金になるんだ。情報って無限だろ。だって書くだけだから、そして政府が負債を引き受けることによって我々の資産が増えて経済が成り立っているんだ。実は我々は政府が発行した借用証書を使う債権者なんだ。お金が生み出されるのには２つのパターンしかない。誰かが銀行からお金を借りたとき、銀行は書くだけでお金を発行しているんだ。私たちが預けた預金からお金を貸しているわけではない。そして政府、政府が政府支出するとき、国庫短期証券を発行して日銀に引き受けさせてゼロからお金を発行している。そのお金は１００％民間に流通してオレらが使うお金になるんだ。このことを信用創造と言うんだ」

O君「お金がゼロから生まれるなんて、そんなこと信じられるか!!!」

彼の頭の中はお金＝モノに支配されているのでなかなか理解できないらしい。もっとも経済学者や財務官僚もそうであるから致し方がない。

私「それじゃ、公共事業や公共サービスはどうやってお金を調達しているか知ってる？」

O君「そんなの税金に決まっているじゃないか！」

私「違うよ、政府は前年に予算を編成して、本年4月から国庫短期証券や国債を発行することによって先に支出している。ちょっと考えてみろよ、今年の消費税を徴収するのは来年度だぜ。消費税を取る前に政府は支出しているだろ。そのお金はどこから出てきたの？　税金取らなければ支出できないのなら、4月からの社会保障支出は不可能だろ」

彼の頭の中には、政府の巨大なお財布があって、その中からさまざまな公共サービスや事業のために支出していると思い込んでいるのが見て取れる。そこで、

私「よく考えてみな、政府は民間銀行に通帳を持っていない。そして行政のオペレーション上、税金は財源になりえない。オレらの認識と現実のお金の流れは真逆なんだ。政府は国債発行でお金をゼロから創り出し、先ず支出する。あとで税金を徴収して国債と相殺して消す。これは事実だぞ」彼の頭はますますこんがらがっているようです。

O君「お金を消す？　なんだ、それ!!!　おまえお金が消えるはずないだろ、腹立つ!!!」

私は、ちょっとからかった口調で、

「あのね、君、国家財政はね、お小遣い帳じゃないんだ」

O君「お小遣い帳だー!!!　国債を発行しすぎるとな、円の信任が下がって大変なことになるんだ」と、財務省やいわゆる主流といわれる経済学者たちが喧伝していることを言うのです。そこで諭すつもりで、私「円の信任ってなに？」

「円の信任がー!!!」と、その辺のいい加減な経済評論家がよく言う抽象的でもっともらしい言葉ですが、言っている本人たちもおそらく理解していない。ちょっと考えればわかりますが、円の信任がなくなるということは、円が紙くずになるということで、ハイパーインフレーションを引き起こすということです。O君は自分が言っていることも理解できずに黙ってしまいました。そして、
O君「おまえな、寺の坊主よりも専門の偉い人たちや学者が言っているんだからオレが正しいんだよ。あとで絶対に論破してやる!!!」、と捨て台詞。

そのあとは楽しく久々に別の話題で夜遅くまで飲み明かしました。翌朝、O君からメールが送られてきたのです。インターネットで見つけたのでしょう。

「これ日置の言っていることだよね、『国民1人あたり1000万円の借金は真っ赤な嘘、純負債比率はG7で低く、財政破綻の可能性はゼロ。国の成長や賃金上昇に向け、ケチケチせず借金せよ』と書いてあった。オレも勉強するからなんかわかりやすい本を送ってくれ。」と。早速中野剛志著の「目からウロコが落ちる 奇跡の経済教室【基礎知識編】と【応用編】」の2冊を送りました。O君は現在勉強中です。数日後嫌みっぽく、「そうそう、奇跡の経済教室勉強した？ オレを論破できる？」とメールを送ったところ「まだ基礎編だ。正しいことばかりで、論破の必要はないね。」と返信が来ました。

今政治に関わる方々、そして私たち国民に必要なのは気づきなのです。政府や銀行（預金取扱機関）によって、「無」からお金が生み出されて民間に流通し、返済と徴税によって流通しているお金が消滅するしくみを理解すると、世の中がクリアに見えてきます。そして、なぜ日本が過去30数年間世界で唯一衰退したのかを理解できます。そして解決策も見えてきます。

経済のベースにあるのはお金です。そのお金について間違った理解をしていると、当然経済政策も間違えてしまいます。日本政府は間違った貨幣観をもとに、ひたすら間違えた経済政策を続けてしまいました。

6

第6章

世の中の主役はお金じゃない、働く国民です

第6章　世の中の主役はお金じゃない、働く国民です。

政治の目的は「経世済民」

私は住職を務めていますが、和尚なりに「寺の存在意義」や「和尚としてできることはなんだろう」と考えることがあります。そんなある日フッと思いついたのですが、「いのちと心が廻る寺づくり」をテーマにお寺を運営してみようと思ったのです。

１９９７年に京都議定書が採択されました。そこには温室効果ガスについて話し合いがもたれ、先進国の排出削減目標が定められました。私はなにかお寺でも貢献できることはないかと思っていたところ、琉球大学名誉教授比嘉照男氏が発明された「ＥＭ菌」に出会いました。早速関連本を買い込み読破し、まず家庭から出る生ごみの堆肥化から始めました。禅僧は「禅即行動」がモットーですから、なんでもやってみないと気が済まない。ＥＭ菌とは、有用微生物群（Micro Effective Organisms）のことを言い、英訳の頭文字をとってＥＭ菌となります。この有用微生物群は様々なことに有効利用され、微生物が持つ分解の力を利用し、有機性廃棄物を堆肥化したり、池や川の浄化にも利用されています。

私は面白がっていろいろ試しているうちに、寺内から出る有機性廃棄物、例えばロバ糞、供養花やお供物その他落ち葉などを堆肥化できないかといろいろ試してみると、微生物の力や、生命の循環であったり、環境問題のさまざまな側面が見えてくるものです。そんなことをなんとなく続けていくうちに、生命の循環は諸行無常であることに気づき、お釈迦様のお悟りへとつながっていくのです。そういえば、お釈迦様は森の何を見てお悟りになったのかを考えると、縁起という仏教の根本にある道理に行きつきます。

このようなことも後から結びついてくるのですが、和尚はなんでもやりながら考える習性があります。時々失敗もするし、家内からは「またすぐ飛びつく」と言われながらも何か面白いことを見つけると懲りずにまた飛びつく。失敗したら修正してまたやる。

だからこそ人生は楽しめるのです。失敗は成功のもと！

さて、仏教の究極の目的は「衆生済度《しゅじょうさいど》」なのですが、どうやったら実現できるのか考えてみると、一人の和尚がどう踏ん張ってもどうなる問題ではありません。しかし、お寺自体がそのような空気を持っていれば、それが以心伝心して何かの足しにはなるのではないか、と考えるわけです。そこから出てきたのが「いのちと心が廻る寺づくり」なのです。お寺の存在自体が皆さんの役に立ち、人々が集い、ご先祖様との出会い、自然や人と人とのコミュニケーション、何かを感じながら学び楽しめる、そんなお寺になったらいいなあ、と思うのです。お寺の存在意義とは縁起、すなわち絆を大切にできる場所、特に現代社会においてはとても貴重だと思うのです。どんな会社でも必ず目的を持っています。それは基本世のためになることのはずです。政治の目的は「経世済民《けいせいざいみん》」（世を治め、苦しみから民を救う）です。

バブル経済崩壊後の平成という時代は、政治によって国が破壊される（最初のころは政治家も気づいていなかった）という愚行が繰り返されました。そして私たちの政治的無関心がそれを助長させてきました。これがいわゆる平和ボケと言われるゆえんです。ただし近年は違います。現代のお金のシステムが明らかになり、多くの一般人が経済政策のおかしさに気づき始め、声も次第に大きくなりつつあります。自民党の中でも「責任ある積極財政を推進する議員連盟」が若手を中心に発足され、令和5年10月4日には、１００人を超えるメンバーが経済政策の提言をだしています。

「我が国が「明日は今日よりよくなると誰もが感じられる国」となるための総合経済対策・補正予算編成に向けての提言～真水20兆円規模の補正予算を求める」を提出しています。

この提言は非常によくできていて、消費税や所得税の減税、社会保険料の減免、地方交付税交付金の増額、食料安全保障の確保、国土強靭化の長期計画等、今やらなければならない当たり前のことを言及しています。政府は国民国家のために当たり前のことをやる。それが政治本来の目的なのです。

しかし、驚いたことに中堅以上の幹部からは、「どうせ選挙対策だろう」と冷ややかな目線で見られていています。間違えた貨幣観をもった政治家はこの当然の提言を冷笑します。ましてや議論することすらしようとしない。この国の政治家はどこまで腐れば気が済むのでしょう。完全に民主制度を否定し国民を無視しています。しかも学習すらしない。このような非常識な国会議員を選んでしまったのは私たちです。極論すれば、すべての責任は私たち国民にあるのです。

私たちはよく、「批判はよくない」とか「悪口ばかり言っているときらわれるよ」とか他の人から言われることがあります。確かに友人の悪口を陰でコソコソ言ったり、家庭内で会社の愚痴をこぼしたりすることはみっともないと思います。しかし、考えてみてください。政治についての批判は別物です。まず政治についての批判をなくしてしまえば、民主制度が成り立たなくなってしまいます。そして、変な下心を持つ悪い政治家にとって批判のないことは都合がいいのです。私だって批判ばかりしているのは自分のメンタルにとって良くないことだと思うし、好き好んで政治の批判をしているわけではありません。しかし、おかしいことはおかしいとはっきり伝えるべきだと思っています。なぜなら政治は国の基盤であり、私たちの命と財産と未来と心に大きな影響を与えるからです。政策を間違えると、不況になって職を失ったり、会社が倒産したり、それによって自殺者が増えたりと、世の中を大きく変える力を政治が持っているからです。国の制度が収奪的であるなら、その国はどんどん沈みます。歴史が証明しているし、今の日本を見ればわかることでしょう。

日本のような代議制民主制国家においては、主権は私たち国民にあります。本来であれば、私たち国民の選んだ代議士が、国民の意見や状況を鑑み、代表者として議論し、私たちが安全安心しながら暮らせるような国家社会を目指すはずなのです。

しかし、現状を見てみると、残念ながら逆方向に動いているようなのです。先日、「地方を豊かにする勉強会・宮城山形連合」のとある若手メンバーと話したのですが、「住職、私の住む町会議員に、国会議員にちゃんと地方交付税交付金を増やすよう提言しろ、と押しているんだけど、なかなか遠慮して言えないんだよね」「選挙の時に公認がもらえない、とかなんとか理由をつけて結局なんにもしない」「住職、ちょっと喝入れてくださいよ」と、こんな具合です。ちなみにこの地域の国会議員はバリバリの緊縮財政派（現代のお金のシステムを理解していない）です。地方の田舎だとなおさらその傾向が強いようですが、国会議員→県会議員→各自治体の議員、と序列が確立されていて、有力者に逆らえず、しがらみから逃れられないようなのです。でも私から言わせれば、政治家としての勉強もしない、できない単なる欲ボケしたジイさんなのですが。このような政治家が目指す方向もわかります。自分の過ちを絶対に認めることをせず、結局ウソにウソを重ねていきます。そしてなるべく自分たちの支配しやすい方向へ世の中を導こうとする。なぜかこの方面にはすごいエネルギーと策術を働かせます。困ったものです。

これは分断統治といって昔から為政者が使っているテクニックなのです。ここ20数年間日本でも為政者によってさかんに行われてきました。識者が明らかにしていますが、ここに分断統治について箇条書きで時系列に並べてみます。

1・「国の借金が─」「財政破綻する─」と言って国民を脅し洗脳
2・国家防衛のため、社会保障のためのお金がないからと言って増税
3・国民のモノやサービスを買う力が減り、生活が苦しくなる。「増税も仕方がない

図㉕

誰のために政治をやっているのですか？
カンチガイ
政府
負けたヤツは
自己責任だー
寒いよー
腹減ったよー
（経済の勉強をするのは政府全体の責任でしょ！）
政府に責任は無いの？
政府が国民を貧困化させ分断させる
という不思議なことが行われています

か－」と真面目な国民ほど諦める。

4・モノやサービスが売れないため会社も苦しくなる。

5・従業員の給与も減らされる、もしくは失業。

6・若者の給与は上がらず結婚できない。少子化が進む。

7・結婚できない奴は自己責任とレッテルを貼る。

8・儲ける資本家と貧しくなる労働者にどんどん分断される。

9・不満が政府に向かないよう詐術を凝らす。（最近通用しなくなりつつある）

10・嫉妬心や妬みが国民同士を争わせる。

これが今の日本でありこれでは「破世滅

民」ですね。（図㉕参照）しかし、「正しいお金と経済にしくみ」を理解すると、日本では本来の政治目的である「経世済民」（世を治め、民を苦しみから救う）を実現できることがわかります。なにしろ我が国日本は勤勉で約束を守る国民が大半なのですから。カンチガイから為政者が国民を分断させてはいけないのです。政治に携わる皆さん、あなたたちの仕事は、国民が安全安心しながら暮らせるような社会を目指すことのはずです。

現実に行われている信用創造にもとづくお金の流れと税金の知識は必須なのです。為政者はこれを学ばなければいけません。ここを理解できないと、為政者はどうしても分断統治の方向に流れてしまいます。なぜなら「おこづかい帳」で財政を考えてしまうからです。「老人の分を削って、こっちに予算を厚くしようか」のノリです。これ以上国家を政治の力で壊さないでほしい。本来の政治の目的に今戻らなければなりません。和尚の心からの切実な願いなのです。

経済政策とヒューマニズム

霊長類学者であり、ゴリラ研究の第一人者である山極寿一氏は、著書「サル化する人間社会」で、人間が持っている普遍的な社会性を三つ上げています。一つ目は、見返りのない奉仕をすることです。これは仏教にある6つの実践行のひとつ「布施の精神」にあたります。人は家族に支えられながら育ち、共感能力を成長期に身につけ、奉仕の心を養います。二つ目は互換性です。何かを誰かにしてもらったら、必ずお返しをする行為です。これが共同体を維持するためのルールになります。

お金を通してモノやサービスを得る経済活動は、人間の互換性を表しています。三つ目は帰属意識です。人間は必ずなんらかの共同体に属して生きています。最小の単位は家族であり、そして職場や地域、大きなもので国家に属しています。山極氏は最近の社会について、「個人の利益と効率を優先するサル的序列社会」に変容しているのではないかと警鐘を鳴らしています。昨今の日本社会の風潮は「今だけ、金だけ、自分だけ」になってしまったようです。

今の日本の現状を「おかしい、なにか変だ」と思う人は多いでしょう。皆さん思い出してください、政治が「経世済民」という目的を忘れ、ヒューマニズムを欠いた貨幣観の間違った経済学から政策を立案し、構造改革と称して一部の強い者の利益だけを優先し、弱者を切り捨てる方向に社会を変えてしまったことを。しかも、最近パー券キックバック裏金問題が表面化されたことによって、それが政治と大企業や資本家との癒着からきていることがわかりました。

緊縮財政を続けたが故に経済は成長できず、限られたパイの中で所得を奪い合うために、所得格差が拡大し、日本が伝統的に大切にしてきた助け合い、支え合う安全・安心な社会は今でも崩壊し続けています。競争も大切ですが、あまりに競争に明け暮れる世の中は、人心をも蝕み、せかせかと時間に追われ、余裕を失い、人々は疲れ果ててしまうのです。私たちは知らず知らずのうちに、山極氏が説く人間が持っている３つの普遍的な社会性を失っているのかもしれません。

サル社会に近づくということは、人間が自分の利益のためだけに集団をつくるということで、人を負かし、自分だけは勝とうとする社会になるということです。そしてその結果、他人と気持ちを通じ合わせることが難しくなっていくのです。サル社会は序列社会です。そこでは勝者にならなければならないという意識が蔓延しています。そのうえ、勝者は敗者を支配するのです。そこに情けや共感はありません。これは人類の退化ではないでしょうか。たった一つのあり得ない財政破綻論から来る「緊縮財政政策」が人間性を弱め、社会を大きく変えてしまうのです。

私たちは、「お金の向こう側にいる人間」を取り戻し、もともと日本社会で培われてきたヒューマニズムに基づく経済を目指すべきなのです。

見えないものを見る力

世界中4000カ所に4000万本のふるさとの木々を植えた植物生態学者宮脇昭氏（2021年7月16日没）は、私が植生調査に先生と同行させていただいたおりに、「道隆しゃん、人には見えるものしか信じない人と、見えないものも信じることができる人の二通りいます。今大事なことは、『見えないもの』をどう見るか、ということ。現在の人間の力ではまだ『見えないもの』を、どう見極めるか。その努力こそ、もっとも大事なのです。」とおっしゃいました。先生はとにかく「生命」を尊ぶ学者で、大変な人間力のある方でした。また先生は、「『今の不十分な科学・技術・医学で測定、計量化できないものは非科学的である』という考えが、学界を含めてあらゆる分野で、すべて前提になっているのが問題である。」と、計量万能主義を戒めていました。加えて、「全て、『見えないもの』も含めて、全体として見るべきである」と述べておられました。

私たちは今までお金自体を価値あるものとして信じてきました。そして、お金の向こう側のことを見ようとせずに、働く私たち人間の存在を忘れてきました。実際のお金は「約束事をつなげるための数字としての情報に過ぎません。貸し借りが発生したときに生まれ、貸し借りが終わったときに消滅する、実体のない情報なのです。

経済は生き物です。万物が流転しダイナミックに変化し続け、絶え間なく人が動き回りお金を使っています。誰かがお金を使えば誰かがお金を受け取ります。お金は手段であり主役は人なのです。人間の身体に喩えれば、血液がお金であり、政府や銀行は心臓のようなものなのです。心臓はお金を適切に体内に流す役目を果たさなければなりません。国債を発行して政府支出をすることによって動脈を通し、身体の隅々までお金を廻さなければなりません。なぜなら身体の一カ所でも血液が届かず不調を訴えれば、全体が弱ってくるからです。この30年間、日本政府はお金がないとの思い込みから、から血液としてのお金を強いところにばかり回そうとして、弱いところには回さず、お金の流れを悪くし、世の中を分断する政策を取り続けてきました。国を身体に喩えるならば、免疫も低下し、心肺停止寸前にまで衰弱しているのではないでしょうか。宮脇先生は常日頃、「生態学的にいうと、森には本物の森と偽物の森がある。本物の森（自然林）は管理しにくく暴れん坊だけど、丈夫で長持ち、地震や津波などの災害時に強く、私たちの生命と財産を守ってくれる。偽物の森（人工林）は一見幾何学的でキチンとしていて美しいけれども、災害などいざという時には弱い。」とおっしゃっていました。

私たちが生活する上で、木材は欠かせないので林業を否定するつもりはありませんが、多様性のある本物の森が林業の森より強いことは明らかであり、防災・環境保全林に適していることは明らかです。私には、この本物の森と偽物の森の対比が、現実を見据えた経済学と主流といわれる従前の経済学の対比にあてはまるように思えてなりません。

現代貨幣を熟知している識者の特徴は、世の中全体を観ていることです。歴史、社会学、政治、心理学、宗教など幅広い視野から「お金」とは何かを論じています。通貨発行権と徴税権を持った政府の役割、民間の役割、銀行の役割などを明確に示しています。そしてそこには人間の本質やドラマがあるのです。かたや主流といわれる経済学には上記のことが論じられていません。アダム・スミス（１７２３〜１７９０）から綿々と続き発展してきたこの経済学は、途中から数理経済学ともいわれますが、経済を営む多様な「人間」が存在しないのです。さらに決定的なのは、この経済学には通貨発行の概念がありません。つまり現在行われている「誰かがお金を借りたときに銀行は数字を書くことによって通貨を発行している、政府の国債発行も同様で、信用創造という通貨発行である」という一番大切で現実に行われている正しい事実がないのです。あえてこの経済学に名前を授けるとすれば「多様な人間社会を無視し、デフレーションのない昔の封建社会で貨幣観が金本位制である時代の経済学」と名付けるべきでしょう。

そしてこの合理主義に基づいた経済学は、豊かな人間を無機質な人間に変えてしまう大きな圧力があると思われます。**なぜならお金だけを見て人を見ないからです。**

森をみていると分かりますが、本物は悪いことが起きたときでも柔軟に全体で対応できるのです。合理主義に基づいた経済学では、人間の感情や家族の愛、貧者の苦しみなどを無視します。しかもデフレという概念すらない。これではまともな政策を打てるはずもありません。日本は頑なに偽物の経済学に追随したが故に、この30年間坂道を転がり落ちるように衰退しました。本来であれば政治家や学者が、なぜこのような衰退が続いているのかを検証し、科学的に解明して対応しなければならないのに、検証すらしようとしません。政治エリートとして恥ずかしくないのかと言いたくなります。政府そして私たち国民は、国家全体を見渡して考えなければなりません。間違った貨幣観に囚われた経済学からは早く離れるべきです。政府が動かない以上、私たち国民自身が「正しいお金と経済のしくみ」を学び、政府の間違いを指摘することが求められています。それが財政民主主義を取り戻すことであり、ヒューマニズムある経済、つまり「経世済民」の実現へとつながるのではないでしょうか。

社会保障について

消費税についてみなさんは「社会保障の重要財源」という認識がいまだに根強いと思われます。なにしろ、閣僚やマスコミがいまだに「消費税は社会保障の財源である」とデマを繰り返し吹聴しているからです。この「消費税は社会保障の重要財源」というのは極めて悪質なウソ（本人も理解していない？）であり、「消費税を減税すると、みなさんに社会保障費を支払えなくなりますよ。それでもいいんですか？」と国民を脅しています。お金の流れから見ても、もともと税金は社会保障の財源にはなり得ませんし、実際に消費税を社会保障の財源にしている国はありません。消費税増税は、単に貧困層を苦しめ、国家を衰退させただけなのです。

社会保障は、税金ではなく国債で約半分を負担し、残りは会社と従業員の折半で賄っています。昭和の高度経済成長期には、働く現役世代５〜６人が１人のお年寄りを支えてきました。平成になってバブルが崩壊し少子高齢化が加速する今、まもなく働く現役世代２人で１人のお年寄りを支えなければならなくなります。そして今、社会保険料が、会社と従業員の双方に重くのしかかり、雇用流動化政策と相まって雇用環境を悪化させ、実質賃金の下落を後押ししています。令和の今昭和時代の社会保障制度はもはや破綻しているのです。

それではどうしたらいいのでしょう。

国家（政府）は唯一通貨を供給することができます。通貨を供給することによって、社会保険料を支払う前に予算を執行し、さまざまな行政サービスを行っています。つまり、政府は税金の範囲内で予算を組むということはしていないのです。これは私たちが知るべき大切な事実なのです。社会保障費の給付が今１１０兆円を超えています。半分は国民が払った保険料などで賄っているのですが、後の半分は税金でやっているというのは間違いなのです。本当は税金ではなく、国債発行でやっているのです。国債発行で賄っているのであれば、あとで返済しなければならないのでしょうか？　つまり子や孫につけを回すことになるのでしょうか。事実は違います。20–30年前の国債を今償還しているのですが、税金ではやっていません。新規国債を発行することによって返済しているのが事実です。子や孫の代につけを回していないのです。国債の残高は減らないけれども、減らす必要もないのです。

現代貨幣学理論の第一人者であるステファニー・ケルトン氏が、社会保障や医療などの行政サービスについて興味深いことを語っています。著書「財政赤字の神話：MMT（と国民のための経済の誕生」2020年10月）の中で、お金や経済についてのカンチガイが、世界中の人々からより良い公共サービスを享受する機会を奪ってきた、と言います。社会保障制度が人々の暮らしに大切な理由は、社会のセーフティネットには人と人の絆を強め、経済全体を支える役目があるからです。また彼女は**政府の予算は「一般家庭のような家計簿」で考えるべきではない**とし、社会保障のような給付制度については、3つの論点で論じられるべきであるとしています。

1．給付をまかなうための政府の支払い能力。
2．制度として給付を払う法的権限。
3．給付に見合った実物的な財やサービスを提供するための経済の生産能力。

1については、アメリカ、イギリス、日本のような変動相場制で独自通貨をもつ国で、給付金を賄う支払い能力が問題になることはありません。つまり国債発行＝貨幣発行で十分に賄えます。ただし、給付を際限なく増やすと、経済の実物的制約（完全雇用など）を超えて極度のインフレが起きる可能性があり、それは全員にとってマイナスであるとしています。２については、政府の意志が大切です。ゆえに議会が給付制度を資金的に支えると約束すれば、資金は必ず国債の発行によって賄われることになります。３については、元ＦＲＢ議長のグリーンスパンが「もっと大切なことは、制度を通じて提供されるべき実物資産を、確実に生産する体制をどうつくるべきかである」と述べています。つまり、医療や福祉などのサービスを必要に応じて国民に提供できるのかどうか、安定してサービスできる体制にあるかどうかが大切であるということです。

過度なインフレを引き起こさずに、安定したサービスを国民に提供するための設備投資や人材確保を政府が主導していかなければならないとしています。この大切な事も「現実に行われているお金の流れ」を理解すると正しい方向性が見えてくるのです。

人は誰でも間違える

しかし、日本政府は間違った「お金と経済のしくみ」に基づいた「財源がない」という全く間違った前提から、「無駄だ!」を理由に保健所を減らし、病床数を減らし、介護報酬をも減らしてきました。まったく真逆の政策です。此度のコロナショックにより、いざという時に公共サービスを提供できないという問題点も明らかになりました。効率を重視し、コストカットを推し進めた結果が、いざという時に住民の健康と生命を守れないということを露呈しています。公立病院は赤字で問題ないのです。いざという時の余裕を持つことが必要なのです。地域社会に真に必要なものは政府が通貨発行をして支えればいいのですから。

私の住む宮城県では最近、4病院の統合・合築の是非をめぐって論争をしています。医療は国民の生命と健康に関わる重要なテーマです。宮城県知事は、4つの病院を2つに統合すると言い、仙台市長はそれに反対し議論がなされています。この統合合築について地域住民らの反対運動も起こっています。

医療現場は県民の健康と命を守る大切な施設なのですが、お金ばかり見ていると、しかも「貨幣観」が間違えていると、どうしても縮小するべきだとなってしまうのです。県民を代表する立場であれば、県民の健康と命を守るために、通貨発行権を持つ政府からお金を引っ張ってくるのが本来あるべき知事の姿だと思うのです。

未来の医療供給能力を削ぐのが知事の仕事ではないはずです。大阪府の事例を見てもわかる通り、大阪府は「身を切る改革」を断行し、大阪市にあった24の保健所を1つにしてしまうという大きな愚を犯してしまいました。しかし、コロナ禍において医療崩壊を引き起こし全国で1番死亡者数が多かったのです。だいたい身を切ったら使うお金が減り需要も減ります。つまり全く逆の経済政策となり、地域や国家さえも衰退へと向かうのです。宮城県知事は、水道の民営化も全国に先駆けて推進しています。

政府がケチって地方交付税交付金を減らした結果、今ある水道管を整備することすらままならない、そして水道法改正となって水道民営化となるわけです。国がやるべきことを放棄して、民間のビジネスに委ねようとしています。民間は利益追求ために事業をやります。水の料金が高いからといって私たちは買わないわけにはいきません。水は国民の命を守る安全保障の一環です。安全保障に関しては国家や自治体が責任をもって行わなければなりません。ここでもなぜ政府・財務省・経団連が積極財政に反対するのかがわかるで

図㉖

政治と企業の癒着

我々の利益になるよう
法律や税制を
変えてください！
かしこまりました！
企業の社長・えらい人
政治家
消費税増税
法人税減税
雇用の流動化
etc
デフレがすすむ
国民は貧乏に
日本衰退

しょう。

財務省は権力維持のため、経済界は政府を小さくして、その穴をビジネスで埋めるためなのです。そのツケは国民が払うという構造なのです。

「貨幣観」を間違えて、お金ばかりを見て国民の生活を見ないでいると、どうしても判断を間違えてしまうようです。（図㉖参照）

閑話休題　糞《くそ》掻《か》き篦《べら》

税金＝排泄の手段＝仏

禅の修行の中で大切な禅問答の中に、

「仏とは何ですか？」と問うたところ、それに対し「乾（かん）屎（し）橛（けつ）」と答えた問答があります。この「乾屎橛」とは、「糞かきべら」または「糞（くそ）（排泄物）」そのものを指しています。禅問答って何だかふざけている、と思う向きもあるでしょう。しかし、実は本質をついています。禅問答には、時々このように毒気を含んだユーモアあふれるものがあるのです。

私たちは毎日排泄します。排泄は私たちの健康を保つために必要不可欠です。運動して体が熱くなれば、汗をかくことによって体温を調節するように私たちは排泄しています。食べる、そして出すという排泄行為がなければ私たちは生きていくことができません。排泄は自然の行為であり、私たちが生きていくうえで欠かせないのです。仏も糞も等しく大切なので「仏＝糞」となるわけです。お釈迦様はあらゆるものを分け隔てせず、同じように接する「同事」の教えを説きました。つまり、浄不浄や優劣、貴賎などの区別を認めない姿勢です。物事を区別するから悩みが生ずる。比べることをやめれば、悩む必要もないというのが禅の教えの根本にあります。そもそも自然界に無駄なものは一つもありません。自然界で糞がなければ生命のサイクルは成り立ちません。その糞はやがて分解されて土にかえります。栄養分をいっぱい含んだ土壌は、生産者としての植物が育つ土台になり

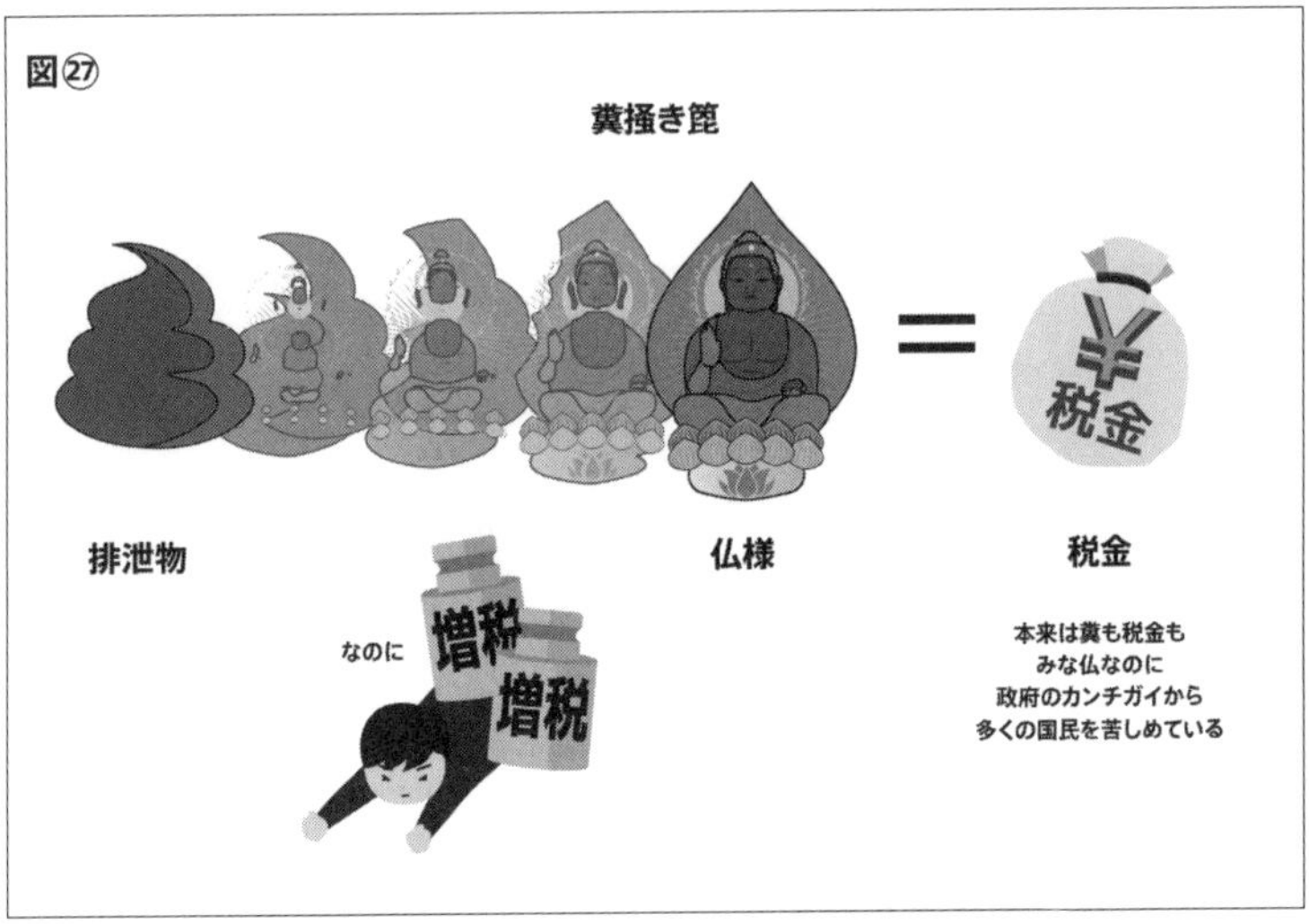
図㉗
糞掻き箆
排泄物
仏様
税金
税金
なのに
増税
増税
本来は糞も税金も
みな仏なのに
政府のカンチガイから
多くの国民を苦しめている

ます。（図㉗参照）

同じように排泄としての税金がなければお金は世の中をうまく回らないのです。税金は排泄行為として実際に回収されて世の中からお金を消しますが、私たちの生活を支え、私たちが利用する道路や橋、その他いろいろな社会資本を残してくれます。これも自然界でいう微生物による分解と同じようなものですね。ですから「税金＝世の中を健康にする排泄の手段」ともとれます。

しかし、政府が「**税金は財源**」という間違った認識から間違った徴税をすると、税金は国民特に貧困層を苦しめる悪魔になります。政府は正しいお金の流れについての認識をもち、「税金＝排泄の手段＝仏」にしなければなりません。不思議なのですが、人間の意識を変えることによって「ウンコ＝汚いモノ」から「ウンコ＝仏（尊いモノ）」になるのです。税金の役割は、社会のお金をグルグル廻らせ、強いところにのみ集中させないように、お金を持ちすぎたところからは、「ごめんなさい、多めに取らせていただきます」と言って多めに回収します、稼ぎが悪ければ、「来年はもっとがんばって、今年はいいよ」と言って少なめに徴収する。そうやって社会の中でお金が健全に回るためにこそ徴税があるのです。

状況をよく考察しケースバイケースで世の中を健全に保つために排泄としての徴税をコントロールして、世の中のお金の流れをよくするのが、国家のボスである政府の役割です。

税金は財源ではありません。国家の栄養として政府が世の中に入れたお金、お金を私たちが働いて使うことによって巡り、滞った老廃物を私たちの体が健康に保つために排泄するのと同様に、国家が健全に保たれるように税金を回収して排泄する。このように考えれば、「税は財源ではない」もスッと頭に入るような気がします。税金は「仏＝税金＝糞」と尊いもののようにとらえるとおもしろいかなぁ、とも思うのです。（図㉗参照）政府は通貨発行をして、税金を集める前に公共サービスや事業のために最初にお金を使い、あとから税金を集めてそのお金を消しています。現実のシステムがそのようになっています。今の政府がお金を世の中に巡らせるための徴税という還流システム機能があるのだという事すら理解せずに増税していることがよくわかりますね。これもすべてはお金のついての無理解から来ています。

第7章

みんなのための経済政策

第7章　みんなのための経済政策

森づくりと経世済民

「一切衆生《いっさいしゅじょう》　悉有仏性《しつゆうぶっしょう》　山川草木《さんせんそうもく》　悉皆成仏《しっかいじょうぶつ》」とは、生きとし生けるものは皆仏になる性質をもっている、ということです。山も川も草や木まで、存在する全ての生命は仏になることができるのです。どんなに捻《ひね》くれた人でも、困っている人を助けたり、他人が喜んでいるのを見るとウキウキしたりするでしょう。優しい心は誰にでも備わっています。そして、私たちは、太陽の光や空気、そして目に見えない微生物や菌類、植物、動物等、あらゆる存在に支えられて生きています。

忘れがちですが、この世に無駄なものは存在しないのです。もし無駄なことをしでかしているとすれば、それは**唯一人間**だけです。自然は全体として絶妙なバランスを保ちながら永年存続しています。

自然をどんどん破壊するということは、私たちの住む社会が未来にわたって永く続けることを難しくさせる、ということを意味します。日本という国は東西南北にひょろ長い島国で、亜寒帯から亜熱帯へと多様な植物が生長できる稀有な国です。雨も多く、もし人の手が加えられなければ、国土のおよそ92％が森に覆われると言われる本来自然豊かな国です。そんな日本に住んでいた私たちのご先祖様は工夫を凝らし、いかに自然とともに生きるのかを模索していたことが想像できます。

自然の脅威は私たちの人智をはるかに超えています。だからこそ自然をいかに傷つけないで共に生きるかを考えていたのです。そこから「八百万《やおよろず》の神《かみ》」が森羅万象の象徴として生まれ、自然を敬い畏れ、自然の恵みを頂戴しながら自然を大切に扱ってきたのです。そして「一切衆生　悉有仏性　山川草木　悉皆成仏」という日本独特の自然観も生まれてきたのでしょう。私たち日本人の祖先は、感覚的に自然災害という自然の揺り戻しをわかっていました。だからこそ歴史的に見ても自らを守るために植林の文化が盛んだったのです。そして、森里海のつながりが研究され、いかに自然と共に生きるのかを考え模索し続けています。

しかし、科学万能の時代が到来し、次第に私たち人間は持てる力を驕り過信し、これでもかと自然を破壊していったのです。私は気候変動についての専門家ではないのでよくはわかりませんが、単に二酸化炭素を減らしたから気候変動に貢献できるとかの問題ではないのではないか、単にビジネスのネタにしたいのではないのか、と疑っています。日本経済が政府のカンチガイや、一部の欲たかりによってお金が循環しなくなっているのと同様に、開発の名のもとに森林が伐採され、飽くなき欲望によって、多様性ある生命の循環すら滞らせている、そこに環境問題の本質があると思うのです。

宮脇昭先生の「ふるさとの木によるふるさとの森づくり」は、そんな世の中に警鐘を鳴らしています。国内外で約4000か所4000万本のふるさとの木々を植え続けた著名な植物生態学者である宮脇昭先生（1928-2021）は、私が住職を務める輪王寺での植樹活動を指導してくださいました。2004年から5年間かけて境内に約60種類3万2千本のふるさとの木々を多くの市民の皆さんと植樹しました。今では木々が生長し、特に参道は立派なふるさとの森に覆われています。（画像参照）

この植樹方法は、潜在自然植生理論という、なにやらむずかしそうな理屈から編み出されたものですが、単純に言えば北海道と九州では生えている植物が違うということです。その地域の気候や土壌、雨量などの条件によって、そこにできる森の形態は変わってきます。その地に合った森こそが本物であり、私たちの命と財産と心を守ってくれます。自然は人智をはるかに超えています。

市民の皆さんと共に輪王寺参道植樹：2008年

長い年月をかけて、そこに存続できる一番適した森を自然の力が作り上げてきたのです。しかし、実際に裸地から土地本来の森が自然に再生されるためには、日本の場合200年から300年かかると言われています。そこで編み出されたのが宮脇方式の植樹方法なのです。

本来その土地にあるべき森の木々の種類を判定して、多品種の苗木を植樹することによって数十年でその土地本来の多様性ある森を再生させようというのが宮脇方式の真骨頂です。特に都市部では、本物の森をなにもしないで再生させることは不可能でしょう。しかし、宮脇方式はそれを可能にしたのです。

宮脇先生は必ず植樹現場に直接出向き、五感を最大限に働かせてその植樹地に生えるべき多品種の高い木・中ぐらいの木・低い木の樹種を読み取り選定しました。そして多くの市民と協力しながらそれらの苗木を植樹します。その土地本来の混植《こんしょく》密植《みっしょく》されている木々はそれぞれが切磋琢磨するために早く生長し、20年程たつと自然の森に近い森が出来上がります。私は十数年間、宮脇先生の指導する植樹祭に出向き、国内外にて植樹のサポートをさせていただきました。そんなご縁もあって、東日本大震災後に私は被災地の地元民として「(一社)森の防潮堤協会」を立ち上げました。２０１３年から10年間かけて、約40万本のふるさとの木々を岩沼市の海岸線全長10㎞に渡って多くの市民とともに植樹しました。自然を活かした震災復興として、未来の人々にひとつの資産と選択肢を残せたことは大きいと思うのです。宮脇先生はよく、「お金や株券を将来に残すのではない、私たちは本物の森を基盤とした、安全安心して暮らせる社会を未来に残すべきだ」とおっしゃっていました。確かに今、「正しいお金と経済のしくみ」を理解してくると、宮脇先生のおっしゃることがごもっとも、と頷けるようです。今の政府は、「お金ばかりを見て、自然や人を見ず」で、震災に備えて、お金の余力を残しておこうと考え、財政健全化の名の下に国民貧困化を進めています。逆です！　国民の生命と財産を守るため震災に備えてお金を使って国土強靭化を進めるのが常識でしょう。国土強靭化は国家の安全安心を高めてくれるし、供給能力を高めると同時に需要をも創り出し、デフレ脱却の礎となる一石二鳥とも言える効果ある政策なのです。お金の現実に行われている流れを理解すれば、これが当たり前の政策なのです。なぜなら政府には、「無」からお金を創り出す通貨発行権があるのですから。そして、この国土強靭化政策の中に「森の防潮堤」を入れるべきなのです。

宮脇先生は、令和3年7月16日にご逝去なされましたが、彼の魂は生き続けています。令和5年10月初旬に、アメリカからの撮影隊が輪王寺を訪れ、日本での宮脇方式実践例のドキュメンタリー制作のために、輪王寺の森の撮影と私へのインタビューが行われました。また、東日本大震災後に宮脇方式で40万本植樹された「千年希望の丘」も撮影していきました。令和5年7月9日にカリフォルニアからニーラム先生が「国際ふるさとの森づくり協会」のメンバーと一緒に輪王寺を訪れ、森づくり談議に花を咲かせました。

そして後日連絡が入り、カリフォルニア州法によって「宮脇方式の植樹」が認められたとのことです。令和5年11月にはニューヨークタイムスに「ヒントは日本の寺社の森に小さな森、猛スピードで成長中！——日本人研究者の森づくりに世界が驚いた」が掲載されました。

2022年には、Hannah Lewisさんにより「Mini-Forest Revolution」（ミニ森革命）がアメリカで上梓され、宮脇メソッドが紹介されました。私は著者と数回話しをしています。彼女曰く、「この植樹活動は、ヨーロッパやアメリカなどで静かに広がっていて、特に都市部に小さくても森をつくりたいという要望が多い」と楽しそうに話していました。

宮脇先生はよく、「ふるさとの木によるふるさとの森づくりを国家事業にしよう」とおっしゃっていました。宮脇方式の植樹方法は世界各地で成果を上げ認知されつつあります。本家本元の日本で絶やしてはいけません。国家事業にするということは、国家予算をつけるということです。財政民主主義が反故にされた今の状況では「宮脇方式を国家事業にしましょう」と要望したところで、財務省やそれに洗脳された政治家はお金についてカンチガイしているので、「財源が無いから」で終わってしまうのは目に見えています。だからこそ私たちが「正しいお金と経済のしくみ」を理解する必要があるのです。

私たちにとって、森はあまりにも身近すぎて、普段森について考えることなどないでしょう。私自身もかつてはその一人でした。しかも、本物の森と偽物の森の違いすらわかっていなかったのです。ましてや「本物の森」を私たちの手で作り上げることなど想像したこともありませんでした。「森をつくる？　なにそれ？」という感じでした。しかし、この活動をつづけていくと様々なことが見えてきます。森は文明の発展とともに衰退します。なぜなら国土の開発は森林伐採を意味するからです。

ほとんどの文明は環境破壊によって進められてきました。いやまてよ、と逆転の発想も出てきます。その発想が国の発展を目指しながら環境問題に貢献できないかと発案した宮脇植樹方式なのです。宮脇方式は、その土地に根差した新たな生態系をつくりだすところにあります。例えば、ある森林地に工場を立てるとします。もちろん森は伐採されますが、その工場の周りに宮脇方式で植樹するのです。これは実際に行われていて、新日鉄やトヨタ、横浜ゴムなどさまざまな企業が実践しています。平時には憩いの場として、災害時には、森そのものが力強い生命の塊となって、私たちの生命と財産と心を守ってくれます。

その土地本来の森の中は、高い木・中ぐらいの木・低い木の多層群落で構成され、地上部と地下部が協働し森全体を支え、生命が力強く循環し、丈夫で長持ちします。このような多様性ある本物の森は、私たちに人間社会がどうあるべきかを示してくれます。私が一番なるほどと思うのは、宮脇先生がよくおっしゃっていた「弱いものを排除しない」というものです。森の中では、すべての生命が精一杯努力しながら生きています。大きく成長する木々もあれば、日陰で地べたに這いつくばりながらも細々と生きている低木やコケ類などもいます。これらの植物たちは、すべて役割をもっていて、すべてが共存していることが森自体の永年存続するために欠かせないのです。

その視点から見ると、今の政府はお金について間違えた認識をしているのみならず、お金を強いものに流そうとして、一般国民からはひたすら増税、増税と搾り取ろうとしているようにしか見えないのです。これは弱いものいじめであり排除ともいえる行為です。政治が弱い者いじめを助長し、ウソをつき、子供たちに悪影響を与えてはいけません。「弱いものを排除しない」、これこそが自然の掟であり、国家を健全に存続させるキーワードだと思うのです。

本物の森は、森自体が一つの共同体です。多くの生命がともに支えあい、いがみ合い、競争しながらも、助け合い、少しは我慢し、ともに生きています。人間社会もこの森の健全なシステムに少しでも近づけるために、政府は「経世済民」を進めなければなりません。もちろん私たち一般庶民も正しい政策を支持し、政府が正しい方向へ行っているかどうかをチェックし、お互い支えあう方向を模索しなければなりません。これが議会制民主制度の基本なのです。

マンガの力

和尚は以外？　とマンガ好きです。子供のころは「巨人の星」や「あしたのジョー」に嵌《はま》り、また手塚治虫さんのマンガはかなり読んでいました。日本のマンガはとにかくすごい。今では世界中に影響を与えています。

私はインターネットでタイ語を勉強しているのですが、日本語をある程度話す先生がほとんどで、その全員が日本のマンガを愛読しています。20代から30年代の先生が多いものですから、子供のころから「ドラえもん」や「キューティーハニー」などをテレビで見ていて、最近のマンガについては、私なんかよりもはるかに情報や知識を持っています。和尚が、すごいなぁ、と思うのは、日本のアニメクリエーターたちがさまざまな分野で物凄い知識を持っていることです。ストーリー性のあるマンガは、巨匠手塚治虫を始祖としていると思われます。「ブッタ」や「火の鳥」などストーリーがしっかりしていて没頭してしまいました。アニメクリエーターたちはいわゆるオタクが多いことで知られています。描写の繊細性はもちろんですが、ストーリーもかなり細部にわたって夜な夜な研究しているようです。

歴史や戦争をテーマにしたもの、科学ものにしろ、こんなことまで知っているのかと、彼らの研究熱心さに感銘を受けます。努力家なのですね。なるほどこれも、連綿と受け継がれてきた日本独特の文化なのだなあと、感心するのです。

最近読んだマンガの中では、「チ。―地球の運動について―」が秀逸でした。舞台は15世紀のヨーロッパ、異端思想がガンガン火あぶりの刑に処せられていた時代です。天動説から地動説への移行の過程で、さまざまな妨害が行われたことをマンガで表現した作品です。もちろんフィクションですが和尚は嵌《はま》りました。

なるほど今までの常識が変わる時って、旧態依然の常識を信じかつ進めてきた者にとっては恐怖なんだろうなぁ、と思うのです。そして新たな説が出てくると、それに対して敵意すら感じて攻撃する。今まさに日本で起こっていることの写し鏡の様です。

現在、日本で行われている経済についての議論は、「経済学のコペルニクス的転回」と言われています。この漫画は多くの読者に、「常識と思っていたことも、実は間違っていることも多々ある」ということを教えてくれます。このようなマンガは思考の柔軟性の大切さを多くの読者に提供してくれるのだと思います。

マンガはさまざまな分野での入門書として役に立ちます。私が小学生のころには、父母が「マンガ日本の歴史」全集を買ってくれて、それを一巻一巻食い入るように読んでいたことを思い出します。このマンガというコンテンツは日本文化独特であり、他国には類例がほとんどないのではないでしょうか。とにかくなんでもマンガにしてしまうその感性には驚かされてしまう。輪王寺には、ドイツからの留学生が一人住んでいるのですが、彼も日本のマンガがとっても好きです。そして彼は、複雑なストーリーでもわかりやすくしてしまうその表現力の豊かさはすごいと言います。

さて、最近では経済問題、特に経済政策の間違いを正すためのマンガが多く出回っています。私はこれらのマンガが出版されると必ず買って読むようにしています。楽しむということもありますが、自分自身の知識の確認をするためです。

２０１９年に「ＭＭＴ現代貨幣理論入門」が出版されて以来、現実に行われている「お金と経済のしくみ」について解説したマンガが多く出回るようになりました。創作している彼らは興味を持ったものに対しては、とことん突き詰める習性をもっているのでしょう。「好きこそ物の上手なれ」、と言いますが、おそらくその辺の政治家や経済評論家などでは太刀打ちできないレベルなのです。というか、その辺の政治家やマスコミが現実に行われているお金と経済のしくみを理解していないで、無理矢理政策を推し進めるので、彼らは立ち上がったのだと思います。

多くの矛盾をはらむ経済政策、しかも国の将来を決めると言って過言ではない経済政策を決めている政府が、現代のお金についての知識を持ち合わせていないという現実に、彼らはマンガという媒体を用いて、世に知らしめようと奮闘しているのです。これってすごくないですか？

最近ではインボイス制度をめぐって、さまざまな業界が反対のために立ち上がりました。そもそも消費税導入自体が直間比率の是正から始まり、途中からなぜか社会保障の財源のためという理由にすり替えられたという経緯もあり、しかも消費税は間接税ではなく直接税だったという、まったくデタラメな税金でした。しかも消費税は国家をひたすら衰退させ、雇用環境を壊し、実質賃金を引き下げ、国民貧困化を進めた犯人なのです。大元の消費税のあり方自体がデタラメであるにもかかわらず、その消費税を低所得者層からもむしり取ろうというのがインボイス制度であり、言葉を変えた増税です。しかもこの制度のおかげで仕事の手間がやたら増える。もうふざけるなっ！　と言いたい。

この制度をなんとかやめさせようと「ストップ！　インボイス」署名活動が立ち上がりました。この団体には多くのアニメ業界の方々が参加し、勉強会やデモが催されています。

そしてなんと55万人以上の署名が集まったのです。しかし、政府は無視し２０２３年10月、強引にこの制度を押し通しました。このインボイス制度によって、前途ある若いアニメーターや声優たちの夢が潰えてしまう恐れがあります。若い経験の浅い彼らは安い給料ながら、自分の好きなマンガを描くために、将来を夢見て頑張っています。このようなアニメオタクが日本のアニメ業界のすそ野にいるからこそ、日本のアニメは世界を席巻しているのです。しかし、デタラメの消費税が一人親方をつぶすインボイス制度を呼び込み、さらに若者の夢をも壊す、こんな理不尽なことを政府はやっていいのでしょうか。若いクリエーターを育て、世界に誇るアニメをさらに後押しするのが政府の役目だと思うのですが、政府の間違ったお金についての認識が若者の夢を壊す方向に動いています。恐ろしい国家になったものです。

２０２３年8月に、同人漫画描きのMihana（みはな）さんが、「日本経済を解説するヤンキー」を上梓しました。和尚もこの漫画を出版している「財研出版」とのお付き合いから購入しましたが、これがまたおもしろい。真っ向からヤンキーがお金についての正論を私たちにぶつけています。そして、日本を壊し続けている消費税の矛盾を的確に指摘しています。私はこの漫画を読んで、もしかしたら歴史的に世界で繰り返されている貨幣についての論争に決着をつけるのは日本である可能性が高いと思うのです。なぜなら統計の数字を見ても日本政府の経済政策は世界最悪であり、多くの国民が貧困化し、多くの日本人が「何かがおかしい？」と気づき始めています。そして、多くの頭の柔らかい若いアニメーターたちが、「正しいお金と経済のしくみ」を多くの国民に気づいてもらうため、彼らの表現力や描写力を駆使してアクセルを踏んでいるのです。著者のMihanaさんは、MMT（現代貨幣理論）提唱者の一人ウィリアム・ミッチェル教授（ニックネーム：ビル・ミッチェル）企画のMMT漫画をスタートさせています。

日本のマンガが世界中の人々の「貨幣観」を正す!!! これが実現できれば世界を平和の方向に近づけることができます。なぜなら「貨幣観」の間違いが世界を紛争へと導いている一面があるからなのです。

2022年には、映画「君たちはまだ長いトンネルの中」が公開されました。この映画は、2019年に発売されネット上で話題を呼んだ漫画「こんなに危ない!? 消費増税」を原作に、日本の未来を問う高校生たちの姿を描いた青春映画です。高校3年生の高橋アサミちゃんが、政治経済の授業で間違いを教える先生（先生は単に理解していないだけ）に対して本当のことを主張し論破する、頭が固く、頭ごなしに事実を否定する政治家に対してもひるまずに正しいことを主張する。そして、地元の商店街をなんとか立ち直らせようと奮闘する社会派痛快青春コメディです。アサミちゃんが統計やグラフを使って日本の現状や解決策を示し論破するシーンを見るだけでもマクロ経済を楽しく学ぶことができる構成になっています。この映画はYouTubeで1週間無料配信されましたが、なんと70万回以上も視聴されています。30年続く官製デフレ不況とパンデミックに見舞われている日本で、私たち国民はなにをするべきかを問うこの映画は必見です。私は監督・脚本を手掛けたなるせゆうせい氏と対談しています。ひょうきんな方ですが、ウソの蔓延る日本の最低な現状をなんとかしたいという真摯な想いが伝わってきました。

日本のアニメクリエーターをはじめとするエンタメ業界には優れた人材が非常に多いのです。これは縄文時代の埴輪や火焔型土器、そして浮世絵などから連綿とつづく伝統文化を引き継いでいると言っていいでしょう。私たちのご先祖たちは、芸術性のあるものを造ったり描いたりしながら生活を楽しみ、それが今に至っているのです。

多くのクリエーターたちがその芸術性を引き継ぎ独自性と時事性を加えながら、生活に溶け込ませて楽しく生きているのです。コスプレなどの「オタク文化」は世界中に広がっています。今度はエンタの力が日本の現状を救い、さらには世界中の「貨幣観」をも変える力になるのかもしれません。和尚とてもは楽しみなのです。

仏の救い

和尚が一番恐れていることは、ウソが世の中を席巻し、ウソが政治の世界にはびこり、ウソが空気のように漂っている現状です。

小さな害のないウソであれば、そんなものは誰でもやるのです。しかし、国家を代表する政府の中枢が堂々とやっている。おそらく彼らはウソを付いているという自覚すらも無いのだろう。そして、国家の未来を決める大切な予算についてもウソが平然と横行している。これは許されることではありません。

人はだれでも失敗します。しかし、失敗した後が一番肝心なのです。失敗とどう向き合うか、そこから何かを学びそして試行錯誤できるのかを考えることです。日本政府が過去30年間同じ失敗を繰り返し、日本の国力は坂を転げ落ちるように衰退しました。しかしどうやら政府は失敗について検討したこともなく、言及しているようには見えません。頑なに今の路線にしがみついています。政府の要職に就かれている方々の多くは真面目で勤勉なはずです。多くの方が一流大学を卒業し、政治経済について学んだ方々も多いはずです。なんとかこの国を良くしたいと思いながら仕事に取り組んでいると思います。その優秀ともいえる皆さんが何故顧みることをしないのでしょう？

政治にとって大切なことは議論であり言葉です。しかし、今の国会は議論においてもひたすら「言い逃れ」に終始し、失敗と誠実に向き合うことを避け、そして議論することすらも避けているのが見え見えなのです。消費税の問題が典型です。最近強引に押し通したインボイス制度についての議論がなされ消費税の矛盾が炙り出されていますが、それまでは消費税の議論すらタブーでした。このような現象を「認知的不協和」といいます。認知的不協和とは、レオン・フェスティンガー（アメリカ１９１９年〜１９８９年）が唱えた社会心理学の用語のことです。彼はなぜ本来有能で正直な人間が失敗を隠蔽し、何も学ばないまま同じ過ちを繰り返すのか？　を分析し、そのメカニズムを明らかにしました。

私たちは、自分の信念とは明らかに違う事実を突き付けられると、自分の過ちを認めることがむずかしいのです。次から次へとなんとか胡麻化しながら言い訳をして、自分を正当化してしまいます。時には無視すらしてしまう。消費増税を推進してきた古参の政治家がいい例です。

特に政治を司るエリートたちは一般の庶民と比べてその傾向が強い。自分の判断は絶対であり、庶民の意見など鼻から相手にしない。しかし、その信念に反する事実、つまり不都合な真実が出てきたときに、彼らの自尊心が脅かされて思考停止してしまうのです。ましてや国家の一番重要な経済政策を「間違っていました」などと死んでも言えないのでしょう。自尊心を傷つけられることが怖くて、正直になれないのです。そして自分に都合のいい解釈で誤魔化し、あるいは事実を完全に無視します。そして、認知的不協和が本当に怖いことに、自分が認知的不協和に陥っていることに気づけないことがあります。自尊心が強いので、自分が他人にウソを付いていることすら自覚しないのです。

今の政府でいえば、日本政府はお金の量には限界があって、今考えられる予算の範囲内でしかお金を使うことができない、と考えてしまい、自分たちと異なる意見はまるで受け付けることができない状態。私たちの政策は完全無欠であり、それに異議を唱えることなどとんでもない。と思い込んでいる可能性が高いのです。彼らもうすうす感じているとは思うのですが、まさか家計簿で国家財政を行ってしまったことが、国民をどれだけ苦しめたのか想像すらできなくなっています。いや現実を直視できていない。

経済政策は現実をみて行われなければならないにもかかわらず。外的要因を除けば、日本の国力衰退の一番大きな原因は緊縮財政です。「政府が日本の国力に見合った適正な政府の支出を怠ってきたこと」です。政府は財政を家計簿とカンチガイし、不況にもかかわらずひたすら「財政健全化」に突き進み増税を繰り返しました。肝心要である通貨発行のしくみすら理解せず、失敗と向き合うことを避け、30年間何も学ばないまま今に至ります。国家衰退の認識すらしていないのではないか？　すると原因追及すらしていないことになります。このままでは本当に日本の未来がヤバいのです。

今の政府は、自分たちの判断に間違いがないとひたすら信じ、データやいかなる証拠を突き付けられても言い訳に走っています。多くの国民が貧困化し苦しんでいる現実から目を背け続けて、国家財政を家計簿とカンチガイしながら、常識で考えれば減税しなければならないのに増税という真逆の政策を進めてしまうのです。「俺たちは一生懸命やっているのに庶民どもは何を騒いでいるんだ？」とでも思っているのでしょう。しかし根本である「貨幣観」が間違っているので結果が伴わない。やればやるほど結果が出ない。政治がいじけているといってもいいでしょう。

仏の教えは現実を観ることから始まります。

仏の教えは、２５００年前に釈迦族の王子様ゴータマ・シッダールタが宮廷内で贅沢三味しながら暮らしていましたが、29才のある時「生・老・病・死」という私たちが避けて通れない現実を観て出家されたことから始まっています。私たちは、自分に悪いことが起こっていると、兎角目をそらせる傾向があります。人は誰でも間違える、その間違いがどこから来ているのかを分析し、原因を明らかにすることから始めなければなりません。でも人は誰でも間違える、これは現実です。そして、その間違いも必ず因果関係から来ています。

例えば、なぜ財務省は緊縮財政にこだわるのかを考えてみると、財務省の伝統が緊縮財政だからです。それから歴史的にみると、財政法4条（日本は国債発行をしてはいけない。しかし特例国債を発行することのよって有名無実化している）、これは戦後GHQによって押し付けられたものです。しかし、財務省は頑なにこの財政法4条を守り続けています。まあこれが彼らの緊縮財政のための大義名分なのですが。省内は上意下達の強い世界で、先輩の言うことは絶対なのです。下の者が積極的に財政を拡大しようなどと言ったら、出世街道から離脱し、未来を諦め、家族を養っていけなくなります。財務省はこのようなことを連綿と続けてきて成り立っているわけです。そして、誰でもそうですがお財布を握るということは権力を握るということです。職員一人一人はみんないい人で、真面目で勤勉で優秀な職員がほとんどでしょう。そして彼らの多くが一流と言われる学校を卒業し、若いころから失敗を許されないような雰囲気の中で過ごしてきたことは想像に難くないのです。

そのようにみてくると、かれらは失敗することが苦手なのです。ある面かわいそうと思ってもいい。自分たちのやっていることについて、間違っていても検討すらせず意固地になるのもわかるのです。他にも数えきれないくらいの要因があるのでしょう。世の中はすべてがつながり合い、無限に複雑につながっているからです。仏の教えを通して現実を観るということは、あれこれ余計なことを考えずに、過去現在未来と世は移ろいでいる中で、全体のつながりの中で、今起こっていることを観察し、自分自身が過去に生かされ、今は周りに生かされ、自分はまわりを生かしながら未来を創っていく存在であると自覚することだと思うのです。

これがどういうことかというと、慈悲心を持ちましょうということです。先人たちの偉業に感謝し、今を生きる周りの人々に感謝するのです。なぜならみんなつながっているからです。これが「縁起に生きる」ということです。そうすれば今起こっている理不尽さも受け入れることができます。今は国家全体が過去に鬱積してきたものの清算の時期であり、私たち国民にとっても苦しい修行の時なのです。憎しみ合ってもなにも解決できません。でも遠慮して黙っていると、事態はもっと悪い方向に流れていくことが確実なのです。和尚が言うのもなんですが、今こそ現実を観て冷静に怒りましょう。

正しいお金と経済のしくみを学ぶということは、人としての生きざまや人と人とのつながりを学ぶことであり、歴史を知ることであり、自然の摂理を知ることであり、それらを通して現実を観察することです。そして、経済活動を媒介するお金の本質を学ぶことです。お金だけを見ていても、机上の空論になってしまいなにも解決できません。なぜならお金は単なる数字としての情報だからです。経済を学ぶことは、仏法を学ぶことなんだなぁ、と改めて和尚は感じるのです。なぜなら経済も仏法も根底にあるのがつながりを大切にするということだからです。正しいお金と経済のしくみは自然の理に適っています。多くの皆さんに気づいていただきたい。それが仏の救いへとつながるのです。ウソの蔓延る日本、これだけは何とかしないと、未来の子どもたちに大きな禍根《かこん》を残してしまうことになるでしょう。

未来に向けて

私たち日本人が普通に真面目に仕事をすれば、普通に仲良く暮らせるような社会にするために、子どもたちに夢と勇気と希望をもってもらえる日本国になるため、今私たちにできることはなにか、拙僧の意見を述べてこの章を締めくくります。

まずは、皆さんが日本国全体をよく考えることが必要になります。私たちが日本という一つの共同体をどのような国にしたいのかを考えることが大切なのです。これは自分たちの「国家観」を持つという事です。私たちは先人たちが辿ってきた歴史や伝統文化に支えられ、またご先祖たちが苦労を重ねながら築き上げてきたもの、それらを土台にしながら生きています。多くの生活に欠かせない多くのインフラや寺社仏閣などの建造物、自然環境、生活習慣や、意識していないけれども先人たちの生きざまや心、生死観などを引き継いでいます。自分の住む地域独特の風習などから影響を受けている、自分の土台は自分の家族、ご先祖様や住む地域と国家にあります。仏の教えの根底にあるのは、自分の周りとうまくやっていくために自分がどうあるべきかを説いています。やはり縁起（繋《つな》がり）を大切にすることなのです。そしてつながりの中でどう生きていくべきかを問うのが仏教です。まずは家族そして地域・国家を大切にすること、そしてその共同体の中で嫌なことがあっても少し我慢することがお互い心豊かに生きる術です。正しい「国家観」をもつということは、日本という国家の中でお互いが信用しあうことから始まります。

信用をつなげるためには、お互いの約束を守ることが大切です。国内の経済活動は無限と言える取引、つまり約束によって成り立ちます。国家経済はまず政府が適正な支出を信用創造という通貨発行によって行い、国民が全員働くことによって収入を得て、国民がお金を使いそれを繰り返し、お金がグルグルと社会を回ることによって成り立ちます。つまり、政府がしっかりと適正にお金を使うような国家では、勤勉で真面目に仕事をする国民が多い国家において基本的に経済が強くなります。お互いの信用をつなげている道具がお金です。お金は人が働き、需要があるから生まれるのです。

政府はお金を「無」から創り出すお金の発行者になります。他は地方自治体も含めてお金の利用者になります。この関係にウソがあったとき社会は荒み、ガタガタになってきますが、今の日本はまさにその方向に進んでいます。今の政府は増税を強引に推し進め、いかなる反対意見をも無視し、都合の悪いことは言い訳にならない言い訳をして胡麻化しています。自分たちが行ってきた政策にいつも結果が伴わないのでいじけています。「貨幣観」を正す意志もまったく感じませんし、間違いを検討することすらしないで、ひたすら言い訳に終始しているようです。そこで私たち国民自身が「貨幣観」を正す必要があります。

そもそもお金って何？　から始めなければなりません。これは今まで私たちが思い込んできた常識とはまるで逆なので、気の遠くなる作業です。なぜなら私たちは、お金がそれ自体価値あるものであると信じ切って生きてきたからです。しかし、ここで多くの日本人が正しいお金と経済の仕組みを理解した時、日本は本当の意味で一流国家になるでしょう。なにしろお金とは本来「友愛の証」なのですから、もともと信用を重んじてきた国民性が経済を強くするのです。

お金は私たちの意思で如何なるものにも変化します。貧しい人々を救えるのもお金ですし、貧しい人々を見殺しにするのもお金です。政府と国民が約束を守りお互いが信頼し合えるようになったとき、お金は「友愛の証」になってくれます。政府も私たち庶民も約束を守るという基本的なことを果たせば、お金が生きて国家が精神的物質的に豊かになれるのです。これこそが財政民主主義です。

お金は信頼関係によって「無」から生まれ「無」になって消える「色即是空」なのです。

なぜならお金は「約束事を数字で表した手段」だからです。約束は果たされれば消えるでしょう。これと同じです。まずここを押さえていただきたいと思います。

私たちは普段使っている壱万円札を見ることはできますが、国家全体のお金の流れを見ることはできません。しかし、現実に流れている国家全体の大まかなお金の流れを知ることは大切です。これはものすごく単純だったのです。「入れて出す」これだけです。私たちは日常「食べて栄養を身体に巡らせて動いて老廃物として排泄する」を繰り返して健康を保っています。国家も身体と同じことをしているだけです。運動選手やよく動き働く人はよく食べます。そうしないと身体が持ちません。それと同じように、国家も国の大きさや、人口、経済状況も違います。それぞれ国に必要なお金の量にはバラツキがあります。政府の役割は、その国の能力や経済状況を踏まえてお金を国に入れて、経済状況に見合ったお金を税金などの手段で徴収して出す、たったこれだけなのです。

ご自分の身体で考えてみてください。食べ過ぎたら食を控えるなどしてダイエットするでしょう。お腹がすけば栄養を補うでしょう。健康を保つためには、身体の隅々まで栄養が行き渡るように工夫するでしょう。身体のどの部分も役割があって全部大切だからです。どこを削っても不健康になります。国家もじつは同じで、この世に不必要な人々は存在しないのです。強い人弱い人、能力の違いこそあれ、みんなそれぞれ役割をもって生きていて、排除していい人などいません。政府は自分の役割をひたすらカンチガイしてきました。まあ私たちも含めてですが。

ではどうしたらいいのでしょう。当たり前だけど、日本の国力に見合った支出を政府がまず行うことです。そして経済状況に即した徴税を行うことです。景気が過熱するようだったらお金を回収する、景気の悪いデフレであればお金が流通するよう人々の所得を増やす方法を考えることです。私も含めて多くの皆さんが、封建時代のように政府が税金を使うことによって公共のサービスや事業を行っていると勘違いしてきました。でも銀行の制度が完備された現代のお金のシステムは違ったのです。「**政府が先に支出して、徴税は後**」、この真実を理解しましょう。

お金って何？　を知った後にお金の流れについて理解すると、過去30年間の間違いが明らかになってきます。そして、これから日本国民として何をするべきかが見えてきます。

過去30年間の日本衰退には、おそらく多くの皆さんも加担していると思います。じつは私自身もそうなのです。10数年前でしたら、私自身が「国の借金が〜！　国民一人当たり数百万円の借金を抱えている〜！」や「財政破綻する〜!!!」を真に受けて、わけもわからずに「大変だ！」「増税もしかたがないか」と知ったかぶりをしながら話していたことを思い出します。そして、公共事業なども、データを見ないでただ感覚や世の中の風潮だけをみて、「やりすぎだー!!!」と非難していました。私たちには、なんの精査もせずにイメージだけで物事を判断してしまう悪い癖があるようです。でも考えてみてください、政治家や公務員などの公人は、ほとんどか真面目でいい人が多いのです。真面目な人ほど間違いに対する恐怖感が強いのです。だから一旦間違えてしまうと大きな認知的不協和を抱え、自己正当化や言い逃れをするのです。これは私たちにも言える事なのです。私は、考え悩み苦しむことは地球上で人間だけが唯一もっている特権だと思っています。他の生物にはこれがありません。考え悩むということは、そのあとに喜びが待っているということです。この喜びを子々孫々につなげてあげたいのです。だからこそ思考停止に陥らず自分の頭で考えることが大切なのです。

禅宗ではよく「無我」を説きます。我を無くせ、ということですが、これは空虚になれということではありません。我利《がり》我利《がり》亡者になるな、ということであり、まずくだらない欲から離れ、クリーンなメガネをかけてものを観て判断しましょう、ということです。

判断を間違えるときは、ほとんどが欲深なメガネをかけて執着心にまみれているときです。今ではいろいろな本が出回っているし、便利なインターネットもあります。ただ情報が多すぎて何が正しいのかわからないのも実情でしょう。だからこそ、人間の五感をフルに働かせ、「みんなの幸せ」に軸足をおいて考え、現実をみて取捨選択をし、自分の頭で考え自分で行動することが大切なのです。例えば、あなたの周りで政治の話をすることすらタブーになっていませんか？　きっと積極財政を主張すると、胡散臭い目でみられたりする経験があるでしょう。私なんかはしょっちゅうです。「和尚、またかよー」みたいな。でも言わないでいることは自分の主権を放棄することとなのです。

政治は私たちの生活にものすごく影響を与えています。政治は私たちの生殺与奪を握っているのです。コロナパンデミックがそのことを明らかにしてくれました。一応十分ではないけれど、政府支出によって給付金を出しました。しかし、その後も含めいろいろ対応をみていると、政府は本当に国民を積極的に救おうという意志は無いんだなぁ、と感じたことも事実です。出来る力があるのにカンチガイしていることも。

日本において財政の主権は私たち国民にあり憲法で保障されています。今は一部のエリートが握っていますが、彼らの弱点は明らかなのです。なにせ財政について理解しないで国家運営していることが明らかになりましたから。しかも軸が「みんなの幸せ」ではなく、一部の上級国民のために政治が行われていることも明らかです。「国家観」も「貨幣観」も間違い、通貨発行のしくみや税金の役割すら理解していない方々が国家を運営していることが過去30年の日本衰退の根本原因なのです。コメディのような話ですが、笑ってはいられません。今のまま通貨発行を無視した「おこづかい帳」の財政運営では、未来の子供たちにとてつもなく大きな禍根を残してしまいます。

戦後ご先祖様たちが死に物狂いで日本を復興させました。さらに世界最高峰といわれる他国がうらやむ先進国日本を作り上げてきました。しかし、私たちは過去30年間でこれらを食いつぶし、どんどん衰退させています。これではご先祖様に申し訳が立たないのです。よく考えてほしいのです。

今を生きる私たちが未来を築いています。私たちの考え方や行動が未来を決めるのです。ウソが蔓延した日本をそのまま残してはいけないのです。私たち日本人としての使命は、子々孫々により良い環境を残してあげることでしょう。

今多くの方々の心が揺らいでいるのを感じます。何が正しくて何が間違っているのかわからない、というのが本音でしょう。大手マスコミは相変わらずお上《おかみ》指向で、間違いを平然と流しています。薄々間違いを感づいている評論家は認知的不協和に陥っている、緊縮財政派の政治家は勉強すらしようとしない、おまけにパー券裏金問題まで発覚しました。もはや八方ふさがりの感があります。

しかし危機はチャンスです。まず私たちが正しいお金と経済のしくみを勉強することです。すると世の中のしくみがはっきりと見えてきます。社会はつながりで成り立っています、お金は私たちの意思で良くも悪くも動きます。ということは、政府は国民みんなの幸せを願い、今まで真逆にとらえていたお金の流れについての認識を正すことが必要です。

私たち国民も心を整え自然にあまり逆らわずに生きること、これが大切なのです。最後にこれだけは覚えてほしいのです。お金は政府がまず国家に入れて、税金として後から集めます。これが現実に行われている国家のお金の流れです。人体を使ってみてみると理解しやすいでしょう。「食べて栄養を隅々まで回して、排泄物を出す」、これこそ私たちが健康に生きるための術です。国家も同じでした。ここを掴んで少し考えてみると、経済って意外と単純なんだ！と気づくはずです。このシンプルで当たり前のことを理解するだけで、私たちの日本を再生できる道が見えてくるはずです。

図㉘

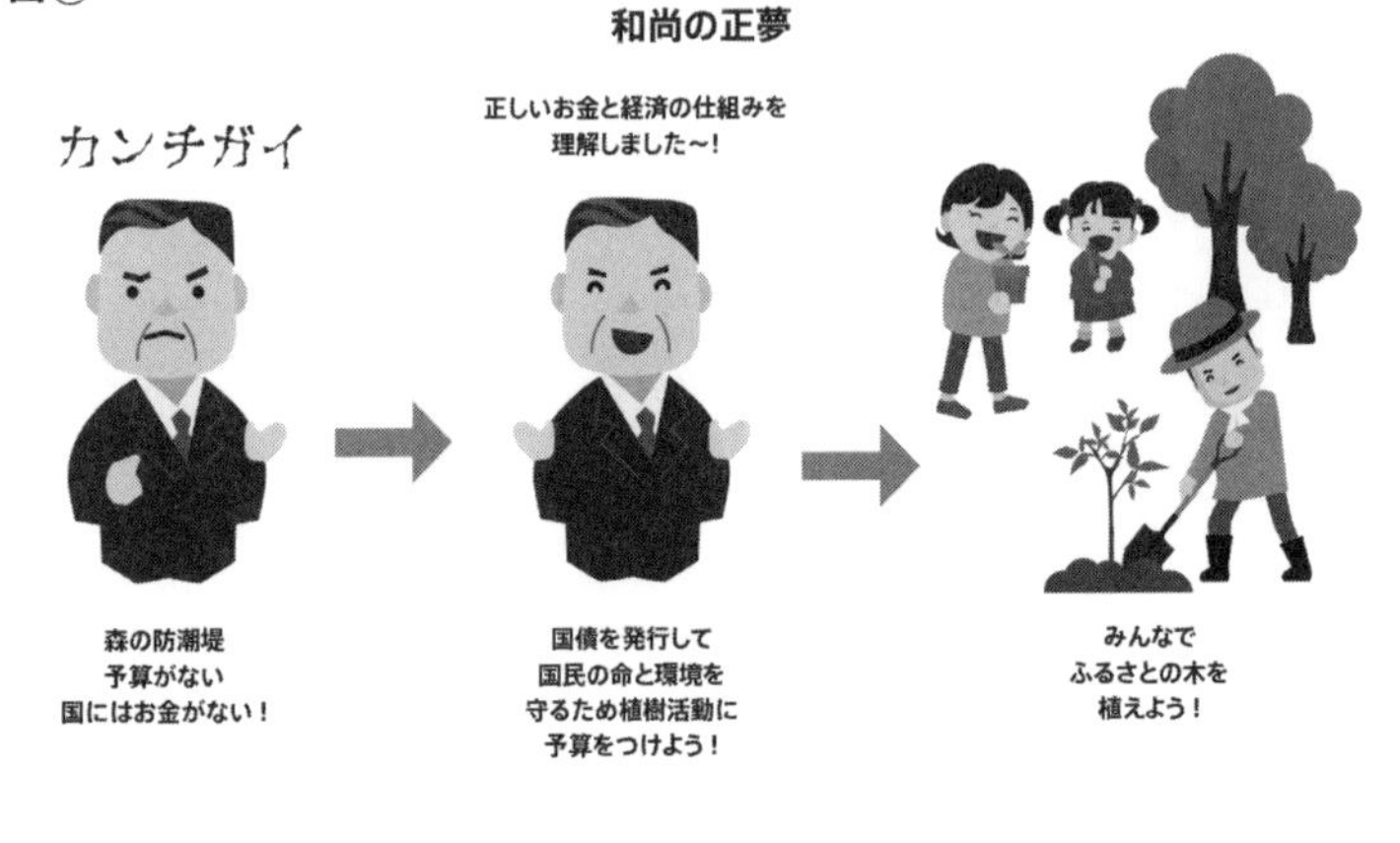
和尚の正夢
カンチガイ
森の防潮堤
予算がない
国にはお金がない！
正しいお金と経済の仕組みを
理解しました～！
国債を発行して
国民の命と環境を
守るため植樹活動に
予算をつけよう！
みんなで
ふるさとの木を
植えよう！

閑話休題　夢日記

面白い夢を見ました。なぜか宮脇昭先生や植樹活動を一緒にしてきた仲間と一緒にいます。そこは内閣府。安倍晋三元総理(寂)に陳情をしているのです。

安倍総理は生前総理をお辞めになってから「責任ある積極財政を推進する議員連盟の顧問をなされていました。夢の中で私たちは安倍総理に対して、「私たちが推進している、命と財産と心を守る森の防潮堤をぜひ取り入れてほしい!!!」と懇願しています。そして、

「総理！　もはや国民の多くが知っています。」「税金は財源ではない」「日本国民

が一生懸命やるとの決心をすれば、その能力はかなり高いのです」「もし総理が決断すれば、私たちは『森の防潮堤』をつくるノウハウを持っています」「実行されれば、苗木業者、土木業者なんかも儲かります、そしてお金は天下をグルグル回りデフレから脱却できます」「環境にもいいし、子供たちが実際に木を植えれば、この上なく生きた教育にも貢献します」「木々が生長し、20、30年後に森の防潮堤が完成すれば、平時には憩いの場として、いざ津波が押し寄せた時には私たちの命と財産と心を守ります」「つまり、この事業は一石二鳥なのです」「しかも政府が負債を負ってお金を使うことにより、国民にお金を渡し、景気が良くなります」「国民はまず『森の防潮堤』をつくることによって・・・」「総理！　一日も早くご決断を!!!」

夢はおそらくこの辺で途切れたようです。

宮脇先生は常日頃、「ふるさとの木によるふるさとの森づくりを国家事業にしよう！」とおっしゃっていました。私自身も「森の防潮堤協会」（２０２２年解散）理事長として政治の場にたびたび顔を出し、政治家の皆さんに森の防潮堤についての説明をしてきました。この事業にはお金がかかる以外ほとんど欠点がないので、国民の命を守るためにすんなりとこの事業が通るものだと思っていましたが、そうはなりませんでした。当時はなぜこのような素晴らしい事業を実行できないのか理解できませんでした。今考えると納得できるのです。そうです、これはお金に対する政府のカンチガイから来ています。つまり、「国民の命は救いたいけど、お金が無いから」というカンチガイ。

私が国家経済に多少なりとも関心を持ち始めたのはこんなこともきっかけなのです。私自身、当時は「お金」について知識はゼロでした。お金には限りがあって、それをいかに効率よく各事業に配分するのかが政府の役割であると思っていました。今でもふつうの方々はそう思うでしょう。自分の家計簿のように。政府の皆さんもいまだにそのように思っている方々が多いようです。しかし、事実がその考えは間違いであることを証明しました。政府はお金を「無」からつくり、私たちがそのお金を使って仕事をこなせるくらいの能力があれば、なんら問題はないのです。つまり、政府が私たち国民の能力を信頼して『森の防潮堤』に予算をつけ、信用創造、つまりお金を「無」からつくり予算を執行し、私たちは政府を信頼し、そのお金を使って懸命に木を植える!!! なんだ、こんな簡単なことだったんだ、と今では気づくのです。

お金に対するカンチガイは、政府と国民を仲たがいさせるんだなー。

何という事だ! 当時、私はこの事実に憤っていました。

いずれにせよ問題は国家のお財布を握っている財務省にあると気づくのです。彼らの頭の中は『おこづかい帳』なのです。「100円の予算しかないよー、50円使ったら50円しか残らないよー」しかも諸先輩からまちがった薫陶を延々と授かってきました。この教えに従いマシーンのごとく邁進して思考停止している。彼らは真面目なるがゆえに「逆らったら省内では生きていけない」と思い込んでいるのです。しかも今さら「間違っていました」とは言えない、人間性を失ったかわいそうな人たちなのかもしれません。宮脇植樹方式の本家本元の日本がこの技術を絶やしてはいけません。みんなで汗をかいて植樹すると人間性の回復にも寄与するんです。

日本の場合、そのためにはまず政府のお金に対するカンチガイを正すことから始めなければなりません。でもハードルは高くないはずです。なぜなら政府が自分で予算をつけているのに、その現実のしくみを理解していないことが明らかだからです。解決策は簡単です。彼らがお勉強するだけです。そして私たち国民も。たったそれだけで、自然と共生した豊かな日本になれるのです。どうか正夢になりますように!!!

第8章

和尚の気づき

第8章　和尚の気づき

仙台輪王寺と私

私が四十四代目を務める輪王寺は、室町幕府第三代将軍足利義満の叔母にあたる伊達家九世政宗夫人蘭庭妙玉禅尼の所願により、嘉吉元年（１４４１年）に福島の梁川で創建されました。その後6回の変遷を重ね、現在の仙台北山の地に落ち着いたのが、慶長7年（１６０２年）伊達政宗公が仙台に居城を移し開府した次の年になります。その後東北における曹洞宗の禅道場として栄えましたが、明治維新以降、伊達家の庇護を失い、廃仏毀釈の嵐にさらされながらも何とか耐えてきました。しかし、明治九年（１８７７年）北山の大火により山門のみを残し、すべての伽藍が灰燼に帰したのです。

曹洞宗の大本山永平寺と總持寺は、輪王寺の衰微《すいび》を惜しみ、明治三十六年（１９０３年）福定無外和尚を第四十一世輪王寺住職に特選し、その復興を図らしめました。無外和尚は、火災後30年近く放置され、雑草に覆われたまさに無からの出発でしたが、寝食を忘れて再建に尽力し、大正4年（１９１５年）現在の本堂を完成するに至りました。この不屈の精神力には頭の下がる思いです。無外和尚は日本庭園にも力を入れ、今では四季折々の風景を楽しむために多くの参拝客が訪れています。私は、生まれてから小学校５年生までは輪王寺が経営する幼稚園を住まいにしていましたが、祖父である天外五峰和尚が認知症を患い、施設に入ってから輪王寺に引っ越してきました。それまでは、あまり寺の跡取りなどという認識もなく、好き勝手に生きてきたと思います。毎日学校が終わると友人とコマ回しや野球に興じ、ケンカをしては泣いて笑って、まあごく普通のヤンチャで我儘《わがまま》な少年時代を楽しく過ごしていました。ただ本だけは両親にいっぱい買ってもらい、マンガも含めてよく読んでいました。高校時代はいろいろ葛藤もあり不良になりかけましたが、結局は和尚として生きる道を選びました。

和尚をやっていてよかったなあと思うことは、多くの皆さんとつながることができることです。また日本のお坊さんは、やろうと思えばさまざまなことをできます。私はタイと深くつながりがあり、タイ語を話すことができ、タイのお坊さん事情に多少精通しています。大雑把に違いを述べるとタイの仏教は出家をしなければお悟りを得ることができないという考え方をします。片や日本の仏教は、すべての人々そして存在するすべての生命がお悟りを得ることができると考えます。「一切衆生悉有仏性《いっさいしゅじょうしつゆうぶっしょう》」なのです。同じ仏教でも原点は同じですが、日本とタイのお坊さんの生活はかなり違います。戒律を重んじるタイの仏教はある面厳粛でやれることに制限がありますが、日本のお坊さんはかなり自由で妻帯ができ一般の皆さんとの付き合いも密でありお酒も飲みます。どちらが良い悪いという問題ではなく、双方に良い面悪い面があります。日本の仏教は自由イコール堕落しやすいということもありますが、まぁ私のような人間は日本の和尚でよかったのでしょう。なにせ遊ぶことが好きで酒好きです。そしていろいろなことに興味を覚え実践してしまう和尚なのです。

ある時環境問題に興味を持ち始め、分解者である微生物に出会い実践してみました。寺から出る有機性廃棄物のかなりの部分、例えば供養花や落ち葉、ロバ糞や食物残渣等を有用微生物群（ＥＭ菌）と混ぜて発酵させて土に返すことをやってみると、これがまた面白いのです。興味を持ち始めると、すぐに実行したくなるのが私の性分なので微生物関係のさまざまな本を読みました。微生物がさまざまな有機物を土に返す魔術を楽しんでいると、生命の不思議さを体験できます。そして次は植物へとつながっていきました。たまたま仙台市のトンネル工事による輪王寺参道の杉並木約５００本を伐採することが決まり、伐採後に長さ１００メートルの参道横をどのようにデザインするかを考えていました。そのころから森についての勉強を始め、たまたま宮脇昭先生の著書「植物と人間」に出会いました。そこには本物の森と偽物の森について書かれていて、「本物の森ってなんだろう?」と興味を持ち、本を読み進めていくうちに、「本物の森は自分たちでも作れるんだ!」となり即実行となったわけです。和尚は禅即実行なのです。早速宮脇先生に手紙を書き、直接会って相談し輪王寺の森づくりが始まりました。宮脇先生と出会い、いろいろお話を伺い、また、自分自身で森の生態や、日本や世界の森の現状を学ぶようになったのです。出会いって大切ですね。森の生態を学ぶということは、生命の循環について学ぶということです。生命の循環について学んでいると、「諸行無常や色即是空」という仏教の自然観に近づくのです。先代住職であった私の父はよく、「自然と共に生きることが大切だ」と言っていましたが、昔は漠然と聞き流していたものです。自然と共に生きるということは、「自然ってなに?」を知らなければなりません。そこで本物の森が出てくるのです。本物の森こそが自然だからです。宮脇先生はよく、「森の中ではすべての生命がいがみ合い競争しながらも少し我慢して共に生きている。そこでは仲間外れやいじめはないのです。みんな役割をもっていて、なぜかお互いが光や水や養分を分け合っています。人間社会も同じ。いらない人はいないんです。少し我慢、これこそ社会がうまく回るコツです」とよくおっしゃいました。どうやら私たちは自然というお手本があるにもかかわらず、私たちの生活や意識が自然から遠く離れてしまった、そこに多くの社会問題が噴出する原因があると私は思うのです。森の生態系に親しんでいると、人間社会のあるべき姿が見えてきます。社会のあり方といえば経済になってくるわけです。いろいろなことを学び楽しんでいると、不思議なのですがすべて絡んでくるのです。また自然の生命循環からお金の流れをみてみると、事実がみえてきます。現実の国家のお金の流れは「政府が最初にお金を世の中に入れて、税で徴収して出して世の中からお金を消す」が事実なのに、一生懸命「税金は財源」と逆に捉えて「少子化問題のために財源はどうしよう?」とまったく頓珍漢な議論をしかも国会でやっています。自然に逆らってはいけません。素直にお金の流れをみてみると政府の役割がみえてきます。自分の身体で考えてみると気づけると思います。「自分の身体能力に適した量のごはんを食べて、老廃物は排泄する」、これを繰り返すから健康に生きていけるのです。国家も同じです。

このように考えると、見えないお金の流れも理解しやすいのではないでしょうか。そして身体のどの部分でも不調だと、なんとなく体調が悪く感じませんか? 国家も健康であるためには、一部の人たちばかりに栄養が偏って、弱い立場の人たちに栄養が届かなければ格差が拡大して国家は衰退します。だから通貨発行権と徴税権という絶大な権力をもつ政府の役目はお金の出し入れを調節することを通した「経世済民」なのです。

日本のような民主制国家の政府の役割は、各々の能力に応じてですが、まんべんなく国民にお金が回るようにするような経済政策をすることのはずです。政府が企業と癒着して法人税を下げて、消費税増税してデフレ経済を長引かせ、国民の使えるお金を減らして貧乏にさせる政策ではないはずです。ましてや癒着によって票を買ったり私腹を肥やしていたとしたら双方最低ですね。政治が国民の方をみてなされるのが民主制国家の基本です。

仙台は、昭和恐慌（１９３０年頃）に関与した著名人を輩出しています。代表的なのが高橋是清と井上準之助です。高橋是清は仙台藩出身で、昭和恐慌時に大蔵大臣として積極財政を断行し、日本を経済危機から救った人物です。井上準之助は旧制仙台第二高等学校出身であり、濱口雄幸内閣の大蔵大臣を務め、当時金本位制に戻そうとして徹底した緊縮財政を行い、国民の生活をどん底に叩き込んだ人物です。両名の政策は真逆でしたが、まだ経済学やデータや統計などがしっかりしていない時代において、是清の先見の目は優れたものでした。そして両名とも暗殺されるという怖い時代でもありました。現代社会は当時と違い、データも統計もきちんと出る時代です。30年間続くデフレ不況の原因ははっきりしていますし、解決方法は明らかです。大まかに言えば先ず適正に政府が支出するだけです。ですが、なぜかそれだけをやらない不思議な状況が今でも続いています。また、私が住職を務める輪王寺と深い関係のある人物として相沢三郎中佐がいます。

相沢事件と無外老師

ここで、戦前の昭和十年（1935年）八月二十二日に起こった、世に言う相沢事件と輪王寺四一世福定無外老師（1874〜1943）の関係について記します。翌年の二・二六事件に大きな影響を与えた相沢事件とは、相沢三郎中佐（1889〜1936）が陸軍省軍務局長室において、局長永田鉄山少将を斬殺した事件をいいます。当時、陸軍内部には、皇道派および統制派と称せられた派閥があり、この事件は、この派閥の対立抗争の一角が露呈した事件です。天皇を奉る青年将校が主体となった皇道派を統制派が追放しようとしたことへの反発が動機でした。あえてどちらが正しいかを問いませんが、この事件は、後の大東亜戦争へと日本が突き進むきっかけのひとつとなった重大事件なのです。

相沢三郎は旧仙台藩伊達藩士の相沢兵之助の長男として宮城県仙台市に生まれました。

兵之助は明治維新の際、東北諸藩が朝敵の汚名を受けたことを深く嘆き、祖先の汚名をそそぐためにも常に一死以って君国に報じる覚悟がなければならないと三郎を戒めたそうです。相沢中佐は無外老師に師事し、輪王寺にて禅に親しみ、3年間の厳しい修行をしました。相沢中佐と老師は、固い信頼の絆で結ばれていたといいます。

無外老師が、この事件の第九回軍法会議公判の証人に立ったのは、昭和十一年二月二十二日であり二・二六事件直前でした。相沢中佐の追悼録に、『相沢中佐の片影』なる小冊子があります。その中に「福定無外老師談」なる一文があるのでそのまま記します。

「相沢さんは少・中尉の頃三カ年に亘り輪王寺で修行し、全く禅僧と同じように勤められたが、それは普通人には到底出来ぬ刻苦精励であった。性質は生一本で純粋で幼少からの破邪顕正の道念を禅宗の修行で益々固められた。今度の事件も実にこの二十才余の青年将校時代からの純情、破邪の理想に燃えての事と思ふ。「一貫せる相沢君の態度である」と。

常に腐敗せる我国の現状を嘆いて居た。軍隊さへも士気が弛緩、その結果は国家の危であると憂へて居た。仙台に来れば必ず訪れて来、又屢《しばしば》々《くりかえし》文通もあったが、憂国の至情は常に溢れて居た。特に二、三年この方やるせなき心持を述べて居た（「その点わしも同感であった」と老師は特に付け加へて言はれた。）

「この国家の非常時を如何にして打開せんと日夜心を痛めて居たことは明瞭である。今度のことは止むに止まれぬ精神の発露であると思ふ。単身根源を切って軍の清純を期せんとするものであって、初めから身を捨てている。自己の前途、立身出世のみを望む現在の大部分の人間には解し難い行為であるかも知れぬが、相沢の今度の行為はわしにはよく判る。決して狂ではない。事の善悪は今論ぜられぬが、相沢があの行動を為すに至るまでには幾多の熟慮が重ねられたらう。決して軽挙でもない。世間でとやかく云うやうだが、売名でもない。盲信でもないと信じる。相沢の生一本な性質とあの純情とを以て現今の腐敗を見る時、止むに止まれぬものがあったに相違ない。わしは相沢を信じている。確固不動の信念に依り生死を超越して君国に尽くさんとするのが、相沢の一貫せる本質である。尚同期の人々にも相沢の立派な精神を知る人があると思ふ。決してわし一人の過信でないと思ふ」

右は、無外老師の相沢中佐に対する偽りない真情であり、老師をして軍法会議の証言台に立しめた信念であったと思われます。この殺人という破滅的な暴力を擁護するものではありませんが、老師は相沢中佐の生い立ちや気性をよく知っていました。彼の行為に潜む生と死を超えた精神的なの潔さを言及したのです。決して戦争に加担するものではない。

時代背景を鑑みると、父の教えを守って、自らの命を賭して国家を憂いながら軍務局長を斬殺した相沢中佐を、単純に批判することは、愚僧であり自堕落な私には到底出来ません。

私の母は昭和12年（１９３７年）岩手県大更（現在八幡平市）の農村生まれです。１９３０年代初頭、東北地方では大不作に見舞われ、飢えによる死亡者までもたらしました。農村での借金、税の未納、農民達は田畑を失い、娘を売るという悲惨な状況となっていました。時期は多少ずれますが、実際母もこのような貧しい農村では学業優秀にもかかわらず、貧しさゆえ学費を工面することができませんでした。祖父は東京に出稼ぎに行ってそのまま帰ってこないような極貧状態にあったと聞いています。そこで伝手を頼り、輪王寺で手伝いをしながら尚絅短大に通わせてもらったのです。このような状況下です。五一五事件、相沢事件、二二六事件を起こした多くの純粋な青年将校の多くが、貧しい農村出身であり、当時の腐敗した政府や軍に対してこのような事件を起こしたのも頷けるのです。

当時の日本経済は、井上準之助を大蔵大臣に据えた政府の徹底した緊縮財政により国民が貧困に陥りましたが、高橋是清が積極財政を断行し経済が上向いていたそうです。しかし、身売りする娘を出すような格差社会から生真面目な相沢中佐のような人物がでてくるのは必然なのでしょう。この時代と今の状況は似ていると思うのです。親の収入が減り、緊縮財政により教育投資が削られ、その結果学生ローンに苦しむ学生が増えています。また最近では女子学生の風俗嬢が激増しています。青年たちは国の未来であり宝です。相変わらず政府のカンチガイがこのような現状を創り出している、歴史は繰り返します。政治に携わる方々はもういい加減に30年の失敗から学んでください。私には、政府が真面目に国民の方を向いて「経世済民」を行わなければ、とんでもない事態が起こるのではないかと危惧しています。

またひとつ面白い縁があります。「閑話休題」に出てきた勘定奉行荻原茂秀扮する小説「貨幣の鬼」の著者高任和夫さんです。この方は輪王寺の檀家さんで、経済小説を多数発表しています。この小説は2013年に発刊され、「貨幣は国家が造る物。たとえ瓦礫であっても構いませぬ」というお金の本質を私に教えてくれました。高任さんは、お金の本質について熟知していることがわかります。そのように考えると、仙台はお金と経済のしくみを知るうえで非常に面白い土地柄であることがわかります。仙台の歴史を辿っていた和尚がお金と経済のしくみについて興味を持ってしまったのも頷けるのです。これも縁だと私は思っています。

東日本大震災を経て

２０１１年3月11日日、未曾有の東日本大震災が起こり、巨大津波が東北を襲い多くの尊い生命が失われました。私は右往左往し、不安を抱えながらもなんとか時を過ごしていました。4月に入って宮脇昭先生から電話をいただきました。「大丈夫ですか？」から始まり、まぁなんとかやっている旨を伝え、少し雑談しました。そこで「森の防潮堤」（当時この名称はありませんでした）の話を聞いたのです。海岸線に被災がれきを利用しながら大きな土塁を造り、そこに宮脇方式で植樹することによって、私たちの命と財産と心を守る「森の防潮堤」をつくる構想を聞かされました。「森の防潮堤」構想とは、沿岸部に小高い土塁を築き、そこに潜在自然植生理論に基づいた宮脇方式の植樹を市民と協働で行います。10数年後には木々が生長し、私たちの生命と財産と心を守る「森の防潮堤」が完成するという、自然と共存共栄する未来への希望です。私は被災地で宮脇方式森づくり実践者であり、この話を聞いた瞬間に直感で「これは凄い！」と感じ、この構想のお手伝いをさせていただくことになりました。

震災年の8月に「いのちを守る森の防潮堤推進東北協議会」を立ちあげ、苗木づくりか

宮城県岩沼市で行われた植樹祭
2013 年 6 月 9 日 3 万本の
ふるさとの木を植えました。

森の防潮堤。2020 年 6 月 10 日撮影
木々が成長する森の防潮堤。

らはじめました。2年後に宮脇先生を名誉顧問に据えて「一般社団法人 森の防潮堤協会」を立ち上げました。宮脇昭先生にとって、この事業は自身の理論と実践における集大成なのでしょう。全身全霊を注いで取り組んでおられました。

4月7日から津波被災地の現場検証から始まり、数名でワゴン車に乗り、どのような木々が残り、どのような木々が流されたのか等、海岸線を舐めるように植生調査を実施したのです。宮脇先生がご自分の構想に確信を得たことを見届け、和尚は地元住民の代表としてできることを精一杯やろうと決意しました。「森の防潮堤」についてのパンフレットを作成して津波被災地の市町村長に直接手紙を書き送ったり、政治家等有力者を訪問し説明させていただきました。とにかく手当たり次第、「森の防潮堤」を実現させるためにできることを宮脇先生と共に力いっぱい行動したのです。法の壁、風評の壁等さまざまな困難が我々の前に立ちはだかりましたが、それをものともせずに楽しんでいる宮脇先生がいました。「道隆しぇんしぇい（先生）壁は高いからこそ乗り越えるのが楽しいだよ」と冗談まじりにおっしゃっていました。その素早さ、粘り強さには唯々驚きました。その姿はまるで一度餌に食らいついたら絶対に離さないスッポンでした。

大震災の年の暮れ、宮脇先生をお連れして岩沼市長井口経明氏を表敬訪問したときのことです。ツカツカと井口市長に歩み寄り、市長の右手をギュッと握りしめ、目をカッと見開き、じっと見つめ、「市長、やりましょう」の一言。それが「千年希望の丘構想」が実現した瞬間でした。ゴリラの仲直りは、対面してじっと顔をつき合わせる事によってなされます。じっと見つめ合ったその瞬間、宮脇先生の心が井口市長へと伝わり、共感が生まれたのでしょう。「ゴリラの仲直り」が「千年希望の丘構想」を後押ししたのです。私は良く思うのです。人と人との縁そして信頼が確立した時、いろんなことが良い方向に動くんだなぁと。（２６６頁画像参照）

２０１４年3月16日に、宮城県議会で「いのちを守る森の防潮堤」推進議員連盟が発足しました。県議会議員の先生方59名が全員参加され、（超党派による全会一致で採択されたのです）この時私は「やった！　このプロジェクトは実践されるんだ」と単純に思い込んでいました。この頃の私は政治の何たるかを全く理解していませんでした。どこの省庁が管轄し、予算がどのように付くのか、実際にどのように具体化するのかなど全く考えもせず熱意のままに動く市民でした。政治家同士の力関係や、省庁同士の力関係などについて考えたこともありませんでした。良いことであれば押せば必ず実現できると単純に思い込んでいたのです。それでもいろいろ政治家や役所に説明していくと、なんとなくわかってくることもあります。まず大切なことは、「森の防潮堤」に国家予算をつけることだと感じていました。しかしそのやり方すらわからずに猪突猛進しているまったく政治経済の仕組みを理解しない和尚が当時の私でした。

このころでしょうか、私は三橋貴明氏の本に出会い、なんか面白い経済評論家がいるみたいだなぁと「月間三橋」という通信講座を受講し始めました。幼稚園を経営した経験があるので「貸借対照表」を見たことはあるものの、会計のやり方すら理解していなかった私にとって講座は難解であり、理解するのに苦労しました。実際に模擬会計を紙に書いてみる作業をしてみたり、わかりづらい部分があるとそれを書き出して理解するよう努めました。毎月学んでいるといろいろなことがわかってくるものです。そして楽しいのです。

２０１４年と２０１９年に消費税増税が断行されましたが、これを受けて「本当に政府は大きな間違いをするんだ、こんな不景気に消費税増税したらもっと不景気になる、当たり前のことを政府は理解していないのか？」と不思議に思っていました。２０１９年８月に「ＭＭＴ現代貨幣理論入門」が発刊され、社会科学や社会心理学からみた経済についての本などを読んでいるうちに、「この国本当にヤバい！」と感じ和尚も日本国民としてなにかできることをしなければいけないと模索し始めたのです。

「森の防潮堤」を実現させるためにも、財務省をはじめとする政府や御用学者、マスコミや経済評論家の間違いを指摘し、多くの皆さんと正しい経済のしくみを共有するためには少しでも多くの国民が正しいお金と経済のしくみを学ぶべきだと思い、輪王寺に「正しい経済を学ぶ」という部署を設置しました。そして少しでも正しい知識を人々にわかってもらうために、２０２０年から毎年、現代貨幣について熟知している安藤裕先生、森永康平先生、森井じゅん先生、三橋貴明先生らを輪王寺にお招きし勉強会を催しました。また、山形県と宮城県の有志が「地方を豊かにする勉強会」を発足し、私は和尚ながらも今では専任講師を務めています。

私は、現代のお金や経済について学ぶ前まで、著名な経営者やコンサルタントの本を結構読んでいて、「なるほどすごい経営者っているんだなぁ」と妙に感心していたものです。

しかし、今考えてみれば、国家経済と会社経営はまったく別物だったのです。

私は著名な経営者が国家を運営すればきっとうまくいくなどと幼稚なことを考えていたのですが、現実は違いました。

それまでは漠然と国家も効率よく運営されて、国家は儲ける意識を持たなければいけないなどと本気で思っていました。しかし、「そもそも国家って何？」という事すらも考えないで、漠然と有名な経済評論家を「えらいなぁ、頭いいなぁ」などと感じていました。でも今になってみると、それらの著名な経済評論家の知識もかなり怪しいと思うのです。というか多くが根本を間違えています。明らかにマクロ経済について理解していないことがわかります。まず現実に行われている「信用創造」というお金を生み出すしくみを理解していない、しかも国家財政を家計簿や会社経営と同じに考えています。しかも多くの経済学者ですら現代のお金について誤解していることに驚いたのです。そして政府は誤解したまま国家を運営しているという恐ろしいことが現実に行われていることも分かりました。この方々は認知的不協和に陥り、いまだ間違いに気づいていないようです。というか気づくことが怖いのでしょう。

東日本大震災の際に復興税が議論され適用されました。当時私はそれを歓迎し当然だと思っていました。頭の中で「お金には限界がある」と認識していたからです。しかし、「正しいお金と経済のしくみ」を学ぶと、それがいかに頓珍漢であるかが理解できるのです。これは国債発行で賄うのが当然だったのです。当時私の頭は家計簿でした。

新年早々「令和6年能登半島地震」が起こりました。お亡くなりになられた方々には深く哀悼の意を表します。命って尊いけれども本当に儚いんだなぁ、と今も切に感じています。これから復興についての議論が始まりますが、復興税はありえません。リスクのない国債発行で賄うのが当たり前なのです。もし今のまま日本政府が「おこづかい帳」の発想、つまり予算の組み換えや増税で賄う経済政策を行うのであれば、日本経済は縮み、確実に多くの国民が貧困化し、震災復興もままならず多くの人命が奪われ、日本はどんどん衰退へと突き進みます。多くの皆様に現実を知っていただき、声を上げてほしいのです。私は国家の中枢がまき散らすウソにまみれた今の日本を、国民として心底恥ずかしく思っています。

私たちは今生きています。生きるとはどういうことなのでしょう。過去現在未来と時はつながっています。私という命は38億年前に誕生した生命が幾多の大変動を経ながらも一度として途切れることなく分化・進化を繰り返しながら続いてきた無限の生命の一部であり、過去の生命がすべてつながってきた結果の存在と言えます。たまたまある男性と女性が愛し合い、その行為から生まれ出たのが私であり、その両親の影響を一番強く受けて今の私が存在します。これが無限のループとなって永遠と過去を遡るのです。私たちは父母そして祖父母の意志や生きざまを心の中にため込み、さらに自分のまわりとつながりながら生きています。それらの影響を強く受けながら自ら思考し行動しています。その思考や行動は間違いなく未来へとつながるのです。今を生きる私たちの存在価値は先人たちが苦労して成し遂げてきた遺産に感謝しながら、それを土台にして今を生き、子どもたちに確かな未来を残すことだと思うのです。無限の命や心のすべてがつながり、物事はすべて縁があって起こる、これが仏の教えの根底にある縁起の思想です。そのように考えると、過去やまわりに感謝にするということは、自分自身を大切にすることであり、未来を大切にすることなのです。

私たちは今まで何度も失敗を繰り返してきました。大切なことは、失敗することよりも失敗から何を学べるかです。

私たち現代人は、この時間と空間の大きなつながりについての認識を忘れ去ってしまっ

図㉙

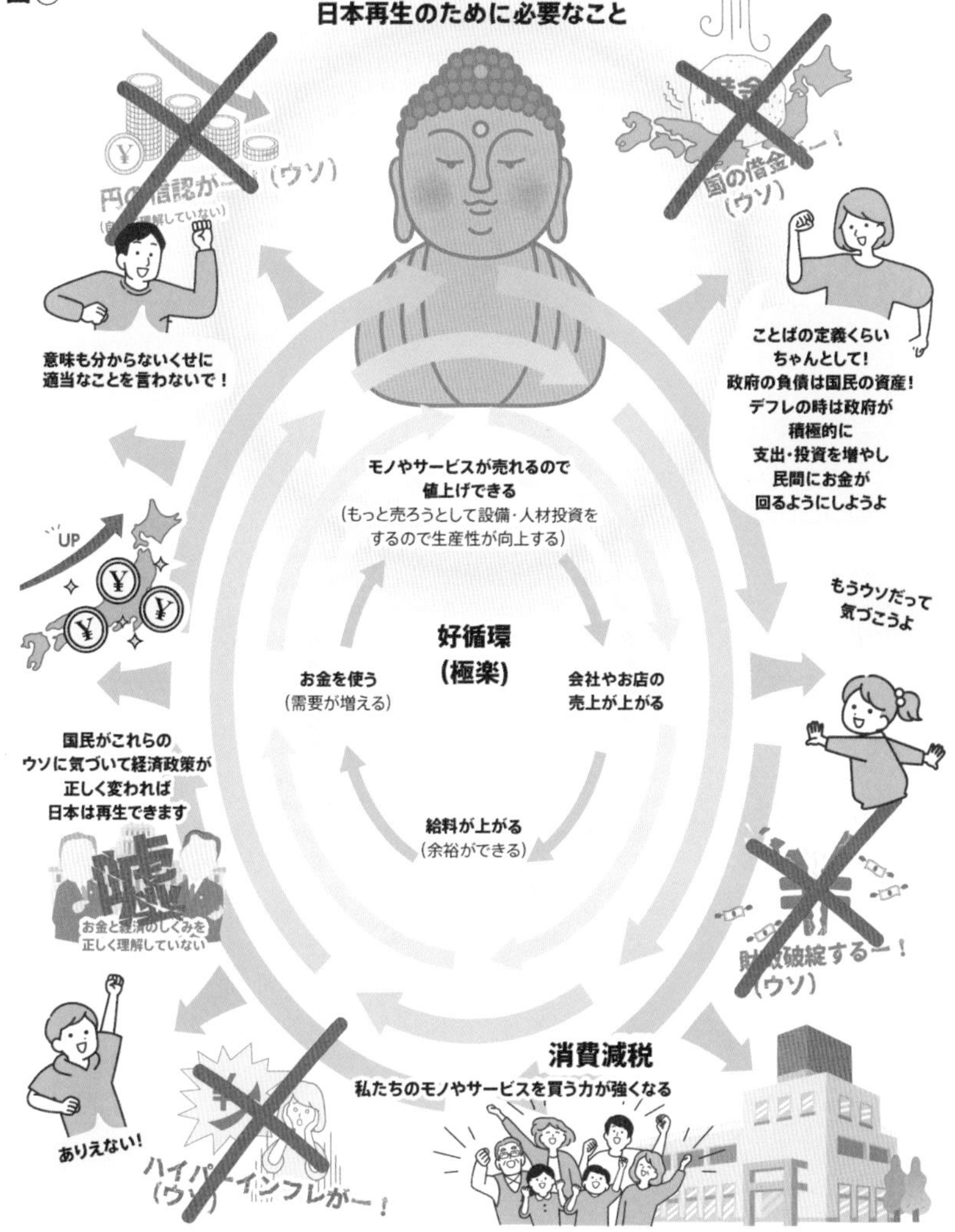
日本再生のために必要なこと
（ウソ）
意味も分からないくせに
適当なことを言わないで！
国の借金
（ウソ）
ことばの定義くらい
ちゃんとして！
政府の負債は国民の資産！
デフレの時は政府が
積極的に
支出・投資を増やし
民間にお金が
回るようにしようよ
モノやサービスが売れるので
値上げできる
（もっと売ろうとして設備・人材投資を
するので生産性が向上する）
UP
好循環
（極楽）
お金を使う
（需要が増える）
会社やお店の
売上が上がる
給料が上がる
（余裕ができる）
もうウソだって
気づこうよ
国民がこれらの
ウソに気づいて経済政策が
正しく変われば
日本は再生できます
正しく理解していない
（ウソ）
消費減税
私たちのモノやサービスを買う力が強くなる
ありえない！
ハイパ
インフレがー！

たようです。今の自分だけが大切であり、刹那的に快楽を貪ることに執着しているようです。それが「今だけ金だけ自分だけ」という発想につながっています。御先祖様を大切にするということは、自分を大切にするということであり、自分自身の生きざまを確立させます。そして未来世代をも大切にすることなのです。正しい歴史を知るということは、未来への正しい方向を示してくれます。そして、人と人、人と自然はつながっているという現実、経済活動ではお金が働く人と人をつなげ、わからない人々の努力とつながっています。私たちが正直であり善業をすることによって人が生かされお金が生き、自然とつなげてくれます。「縁起の世界」を認識すること、つまり絆を大切にすることが、私たちを感謝の心へと導き、心を豊かにしてくれるのです。

おわりに

令和5年末に政治家のパーティ券キックバック裏金問題が明らかになりました。ことの本質は、「政治と企業の癒着」です。企業が政治家に献金することによって、自分たちに有利な税制や制度に変えるよう政治家に働きかけ、政治家は自分の地位や権力を維持するために企業の言うことを聞く、財務省はそれに乗っかって省是である増税に突き進む。強欲と権力欲そして名誉欲に溺れた方たちがこれを長年続けていたのです。この意味するところは、政治本来の意義ともいえる、国民の方を向いた「経世済民」をほとんどやってこなかったということです。これでは日本国家が衰退するのも当たり前です。約束を守り真面目に働く国民の多い日本国において、こんな輩が政治の中枢を握っている、「お前ら恥ずかしくないのか!!!」とあえて言いたい。しかも政策立案に欠かせない正しい経済の仕組みすら勉強していない。このことがどれだけ多くの国民の生命を奪ってきたのか、考えるだけでもおぞましい。平和が続くところも政治が腐るものかと今さらながら驚いています。

しかし、日本は大きな可能性を秘めています。なぜならこの一連の事件によって、国民に冷たく一部の特権階級にやさしい政治のしくみが腐ったシステムからきていることを、多くの国民が理解したからです。

政策を立案し施行している政治エリートたちが「正しいお金と経済のしくみ」を理解していない事もわかりました。残念ながら今の日本の政治エリートたちは、日本を繁栄させるために何が必要かを知らない。過去30年間間違った政策と戦略に従ってきただけです。貨幣観を間違えた経済政策が完全に間違えているにもかかわらず、社会の常識となろうとしていました。貧困が増えて国力が落ちてきた背景には、限られた政治エリートに日本経済が支配されてきたからに他ならないのです。彼らは圧倒的多数の国民を犠牲にして、自己の利益を追求しようと社会を収奪型に組織してきました。その腐った仕組みが分かった今、私たちが正しいお金と経済のしくみを理解すれば、財政の主権を私たち国民に取り戻す千載一遇のチャンスなのです。民主制国家において、経世済民の何たるかを理解できないエリートたちに財政の主権を握らせてはいけないのです。

和尚からみた「お金と経済のしくみ」についていろいろ語らせていただきました。大切なことは現実をみることです。お金は価値あるモノではありません。私たちが真面目に働くからこそお金は活きますが、その逆もしかりです。ウソが蔓延るとお金は国民を殺すようです。お金は元来人と人をつなぐ縁起であり縁結びの手段です。政府の役割は、「国家の能力に応じて適正なお金を入れて、官民協働で国家のお金をグルグル巡回させることです。税金によって増えすぎたり、偏りすぎたお金を回収して、国家が健康であるように努める」ことです。このシンプルなことを今まで私も含めて多くの皆さんがカンチガイし、政府もカンチガイしながら国家を運営してきました。時系列にみても税は財源にはなりえません。危機的状況にある今こそ「政府の赤字は国民みんなの黒字」であり、財政赤字は経済にとって好ましいものであることを受け入れることができれば、日本に財政問題がないことが理解できます。日本政府は現実を踏まえれば、国民のための経済政策ができることを和尚は多くの皆さんと共有したいのです。

「令和6年能登半島地震」が起こり、多くの尊い生命を失いました。そもそも日本には財政問題など存在しないので、潤沢に復興予算を組めるのです。政府の役割は、国民に安全安心を提供することのはずです。国家における経済政策は、みんながつながっていることを前提になされるべきで、仲間外れやいじめはいけません。被災してお亡くなりになった方々のためにも、災害に負けない日本にしていきましょう。あえて付け加えさせていただきます。宮脇昭先生が提唱された「ふるさとの木によるふるさとの森づくり」を防災環境保全林として、自然を活かした復興事業として国家プロジェクトにしていただきたい。

私たち自身もある意味、間違ったメガネをかけて政治を見ていたのかもしれません。私たちは、国民の方を向いて、普通に真面目に働けば安全安心して暮らせるような国家を目指す政治家を選ばなければなりません。そして政府と私たち国民の信頼関係を取り戻さなければなりません。そのためにも私たちが「正しいお金と経済のしくみ」を学ぶことが必要なのです。これからは失敗から学ぶ姿勢が大切だと思うのです。この姿勢こそが未来の子供たちに夢と勇気と希望を与えると和尚は確信しています。

和尚の願いは非常にシンプルです。ウソの蔓延る日本をなんとかしたい!!! これだけでも正すことができれば、潜在能力の高い日本国民の未来は本当に明るいのです。

森の大切さを教えてくれた宮脇昭先生、いっしょに植樹活動を楽しんでくれた多くの皆さん、人間社会も本物の森のように多様性が大切なのですね。たくさん教えてくれてありがとうございました。むずかしいテーマにもかかわらず的確に編集してくださった木木舎の方々、私のへたくそな原画を嫌な顔せずにイラスト化してくれた辻花恵さん、そして最後に、ここ数か月執務室に閉じこもり執筆活動をしてきた我儘な和尚を支えてくれた輪王寺職員とわが家族に感謝の意を表します。

2024年4月　著者

●参考文献

随想録（中公文庫プレミアム）２０１８年４月20日発刊
高橋是清（著）、上塚司（編集）
貨幣の鬼 勘定奉行 荻原重秀（講談社文庫）２０１３年12月13日発刊
高任和夫（著）

日置　道隆（ひおき どうりゅう）

昭和37年1月14日仙台生まれ。仙台第二高等学校卒業後

昭和60年駒沢大学仏教学部仏教学科卒業。その後大本山永平寺に安居一年半修行。

現在四十四世曹洞宗輪王寺住職。

平成16年より寺内にて宮脇昭氏の指導により植樹活動を開始

平成27年4月1日より「一般社団法人 森の防潮堤協会」理事長。岩沼市「千年希望の丘」構想に携わり、40万本のふるさとの木々を全国の皆様と共に植樹。

「森の防潮堤」を世間に広めるための映像を製作、スティービー国際賞安全保障PR映像部門ゴールド賞受賞。令和3年「経世済民」輪王寺を開始　YouTubeにて動画を配信。

国際ふるさとの森づくり協会理事。「地方を豊かにする勉強会」山形・宮城連合の専任講師。

和尚からみた日本経済のお話

2024年4月 8日　初版第1刷発行
2024年5月15日　初版第2刷発行

著　　者　日置　道隆（ひおき どうりゅう）
イラスト　辻　花恵
装　　丁　佐藤　恵美
発 行 者　林　福政
発 行 所　株式会社　木木舎
〒160-0015東京都新宿区大京町5-6-401
TEL：03-6380-4962
発　　売　株式会社メディアパル（共同出版者・流通責任者）
〒162-8710 東京都新宿区東五軒町6-24
TEL:03-5261-1171
印 刷 所　シナノ書籍印刷株式会社
Printed in japan
ISBN 978-4-8021-3457-6 C0033